女性議員が

永田町の壁を砕く!

自民党を変革し、
日本の飛躍を図る
10人の女性リーダーたち

女性議員飛躍の会

SEIKO SHOBO

稲田朋美
佐藤ゆかり
永岡桂子
猪口邦子
森 まさこ
太田房江
高橋ひなこ
尾身朝子
杉田水脈
鈴木貴子

女性議員が永田町の壁を砕く！

――自民党を変革し、日本の飛躍を図る10人の女性リーダーたち

『女性議員が永田町の壁を砕く！』発刊によせて

自民党幹事長　二階俊博

自民党は今、内側から変わろうとしている。その引き金を引いたのが女性議員たちだ。昨年12月の党税制調査会で、この数年間、先送りされ続けてきた未婚のひとり親に対する所得控除が、各部門せめぎ合いの末、初めて認められた。自民党の女性議員の方々が、男性議員一人ひとりに対して、最後まで諦めることなく熱心に説得活動をされたことが、この画期的結果をもたらしたと言える。彼女たちは、党税調の大きな山を動かしたのだ。

ＩＰＵ（列国議会同盟）の報告書によれば、各国の女性議員比率は日本は約10％（衆議院）で、１９３か国中１６５位である。フランスの約40％、イギリスの約32％と比べると極端に低い数値となっている。

相変わらず男性優位の社会から抜け出せないでいる日本の姿がそこにある。出産、家事、育児などを抱えながら議員を続けるのは家族や周囲の協力なしでは困難だ。しかし、夫は外で働き、妻は家庭を守るという昔からの女性観に囚われている男性は少なくない。また、議員に限らず、働く女性を支える制度が十分整備されていないという現実もある。女性が働き続けられる社会にするためには、意識改革はもちろん必要だが、やはり政治の力が必要である。女性議員を増やし、男性優位の政治の世界を変革する。そのことによって、真に男女が平等に働ける社会が実現すると私は考えている。

「女性議員飛躍の会」設立に向けて私は様々な助言をした。最大の助言は「女性こそが政治を変えられる」ということだ。

１９９９年に男女共同参画社会基本法が施行され、内閣府は、２０１０年に第３次男女共同参画基本計画を決定した。同計画では、政策や方針を決める際に、女性が参加することの重要性が指摘されている。さらに、

2015年12月には第4次計画を閣議決定し、2020年までに、指導的地位に女性が占める割合を30％程度に高めることを提言した。また、2018年5月には、「男女の候補者の数ができる限り均等となることを目指す」ことを目的とした「政治分野における男女共同参画の推進に関する法律」が施行された。政党の執行部は強いリーダーシップを発揮し、女性議員を増やすことに取り組まなければならない。

今日本と世界は、新型コロナウイルスによる感染症拡大という未曽有の危機に陥っている。政府の懸命の取り組みの中で、「女性議員飛躍の会」は感染拡大を阻止するため、学校休校の要請に伴う働く保護者への負担軽減のため、コロナ対策の緊急提案を行うなど、いち早く動いた。また、経済停滞により生じている損失に対する解決策を自民党本部や政府に積極的に提案している。我々は一致団結してこの難局を乗り切らなければならない。

さて、本書では10人の自民党女性国会議員が、それぞれの思い、政策等を語っている。防衛問題、軍縮、外交、地球環境問題はもとより、国内においては、多様性のある社会の実現、男女共同参画社会の実現、少子社会の克服、子育て支援や児童虐待への対策、科学技術の振興、地域経済の活性化、食と農業、消費者問題など、党女性議員が専門家として持つ見識は多岐の分野にわたり、その主張は秀逸だ。その一端をご一読いただければ幸いである。

自民党幹事長　二階俊博

Profile

二階俊博
（にかい・としひろ）

1939年2月17日生。和歌山県御坊市出身。衆議院議員。当選12回。自民党幹事長、自民党国土強靭化推進本部長、志帥会会長。中央大学法学部卒業後、静岡県選出で建設大臣等を歴任された故遠藤三郎衆議院議員の秘書を10年、和歌山県議を連続2期務めた後、1983年第37回衆議院議員総選挙に自民党公認で立候補し初当選。以降連続12回当選。運輸政務次官、運輸大臣兼北海道開発庁長官（小渕・森内閣）、自民党総務局長、経済産業大臣（小泉・福田・麻生内閣）、自民党国対委員長、自民党総務会長、自民党選挙対策局長、衆議院予算委員長等を歴任。

◉目次

女性議員が永田町の壁を砕く！
——自民党を変革し、日本の飛躍を図る10人の女性リーダーたち

はじめに

本書は昨年秋、永田町改革を目指す「女性議員飛躍の会」の有志による政策提言書として企画された。男性優位の政界を改革するための大きな流れを作ることが私たちの使命と認識している。そのような中、今年になり、日本と世界は新型コロナウイルス感染症の拡大という未曽有の難局を迎えた。中国や近隣諸国からヨーロッパ、アメリカへと拡大し、日本でも感染拡大が顕著となるなど、世界は予断を許さない危機的状況に陥っている。現在、日本政府が感染拡大阻止に向けて精力的取り組みを進める中、「女性議員飛躍の会」でも数々の緊急提言を行うなど、いち早くコロナ問題への対応に当たっている。巻末の「女性議員飛躍の会」活動報告に提言書とともにその詳細を掲載している。この活動報告を先に読んでいただけるなら幸いである。

「女性議員飛躍の会」共同代表　稲田朋美

多様性のある真の保守政党を目指して
～自民党の風景を変えて、日本の風景を変える～

稲田朋美

Chapter 1

TOMOMI INADA

1．未婚のひとり親にも等しく「寡婦控除」を！
―自民党女性議員飛躍の会の闘いの記録〝自民党税調を女性たちが変えた〟

寡婦控除と法の下の平等

昨年の自民党税制調査会（以下「自民党税調」）において、長年自民党が認めてこなかった未婚のひとり親にも等しく寡婦控除が認められることになった。なぜ、未婚のひとり親には、離婚のひとり親や死別のひとり親のように寡婦控除が認められなかったのか。背景には自民党が大切にしてきた「伝統的家族」を壊すという考えがあった。

私は一昨年の自民党税調が未婚のひとり親に寡婦控除を認めなかったという新聞報道を見て違和感を覚えた。なぜなら、ひとり親であれば、未婚であろうと離婚であろうと死別であろうと困難な状況の中で子育てをしていることには変わりがなく、なぜ等しく扱わないのか不思議だったからだ。この問題は「伝統的家族」のあり方などではなく、法の下の平等と公平性の問題である。ひとり親になった原因が、離婚にあるのか死別にあるのか、それともそもそも未婚だったのかによって、支援に差をつけることに合理的理由はない。

「女性議員飛躍の会」の設立

２０１9年の3月に自民党の中で同期当選の女性国会議員を中心に、女性議員による議連を立ち上げた。この議連は女性の国会議員を増やすための議連だ。「女性議員飛躍の会」（以下「飛躍の会」という）は昨年5月28日には党に対し、女性議員を増やすための党の政策として８項目の提案をした。その中には、「党として、女性候補増加のための数値目標を設定する」という項目がある。

世界経済フォーラムが一昨年発表した２０１８年の我が国のジェンダーギャップ指数は、１４９か国中１１０位。昨年発表した２０１9年ジェンダーギャップ指数は、さらに順位を下げて１５３か国中１２１位という最低レベルとなった。この最大の原因は政治分野における女性議員の数があまりにも少ないということにつきる。政治分野における順位は１５３か国中１４４位、まさに世界のワースト10であり、世界最低水準である。

その中でも自民党の衆議院における女性議員の割合は７％と極めて低い。これでは民主主義が歪む。今回私たちの議連が取り組んだ未婚のひとり親の税制における差別もまさに、女性議員がほとんどいないことによる民主主義の歪みがもたらしたといっても過言ではない。

未婚のひとり親の寡婦控除を認めさせる闘い

夏前だったと思うが、議連のメンバーである、木村弥生衆議院議員とともに、「しんぐるまざあず・ふぉーらむ」の赤石千衣子理事長と秋吉晴子さんが私のところに訪ねて来られた。2人は、次の税制改正において未婚のひとり親にも等しく寡婦控除を認めて欲しいと、要請にこられたのだった。

私は「当然認めるべきだと思っていた」と答えたところ、彼女たちは驚いて「自民党にもこのような考えの議員がいて、特に稲田さんのような保守的な方がシングルマザーに理解があるとは思わなかった」と言われた。その反応を見て私の方が驚いた。

確かに私は東京裁判史観を批判し、南京大虐殺の象徴である「百人斬り」がウソだということを裁判で闘ったことなどの延長で政治家になった。私の政治家としての原点は「国家の名誉を守る」、「いわれなき非難に対しては断固反論する」ということだ。しかし、一方で「百人斬り」裁判も身内を虐殺者に仕立て上げられた陸軍将校の娘たちや妹の人権を守るという闘いで

甘利明自由民主党税制調査会会長に要請書を提出

もあった。誰よりも「人権」感覚はあると自負している。

私は「しんぐるまざあず・ふぉーらむ」のお二人に「この問題は保守かどうかという問題ではなく、平等・公平の問題だと思っています。どうして、ひとりで産んで育てている人を未婚だからという理由だけで応援できないのか全くわかりません。未婚であるにもかかわらず、産んで育てている人をもっと支援してもよいのではないでしょうか」と答えた。

税調の季節になり、私たちは議連としてこの問題を甘利明税調会長に要請したところ、甘利税調会長は、自分も同じ方向だと言われ、私たちは大いに喜んだ。

ところが、数日もしないうちに自民党案なるものが報道で明らかになった。その案によれば未婚のひとり親は「貧困対策」として、児童扶養手当対象家庭のみ寡婦控除を認めるというものだった。だとすると、依然として未婚のひとり親は差別され続けることになる。未婚のひとり親に対しては、離婚のひとり親の半分の低い所得制限があり（離婚、死別のひとり親は男性のひとり親のみ所得制限500万、未婚は男女問わず230万）、さらには年収205万円の家庭においては、4月から適用となる高等教育無償化において寡婦控除が適用されず、年間約54万円もの差が出ることとなる。

安倍政権の目玉政策である高等教育無償化において新たな差別を生み出す自民党案に対し、私たちは怒り、絶対に賛同することができないと思った。さらに、未婚のシングルマザーを差別する理由は「事実婚を増やす」ということだったが、現行制度においては離婚も死別も「事実婚を排除していない」ことが判明し、私たちの怒りは高まった。現行制度こそ『偽装離婚奨励税制』ではないのか。そんな制度を温存しながら、よくも未婚のひとり親だけ「事実婚が増える」などと言えたものだ。その思いはシングルマザーの皆さんも同じだった。

ひとり親は、〝「貧困対策」で対応〟にこだわる自民党

12月4日の自民党税調の平場（党内国会議員ならだれでも出席し、発言できる会議）では、約10名の女性議員が発言をし、その全てが未婚のひとり親にも等しく寡婦控除を適用すべきだと主張した。

私たちの主張に対し、税調インナー幹部の誰からも反論がなかったにもかかわらず、この後の税調会長のぶら下がり取材で「自民党は伝統的家族を大切にするサイレントマジョリティーの大きな流れがある」として、依然として自民党はひとり親については「貧困対策」として、寡婦控除を児童扶養手当対象家庭に限るという案にこだわった。10名もの女性が平場で主張し、誰も反対意見が出ないにもかかわらず、それが党の結論にならないってどういうこと?

私たちの怒りは、党内民主主義が機能していない自民党税調のあり方にも向いた。そこで私たちは死別、離婚、未婚のひとり親にも等しく寡婦控除を認め、その名称を「ひとり親控除」とすること、さらには低所得で子どものいない未亡人にのみ認められている寡婦控除を『寡婦控除』として残すことを書面で要請した。税調幹部の中には忙しいと言って、私たちに会ってさえくれない人もいた。そういう人たちには待ち伏せして要請書を渡した。要請書は税調会長ほか税調の幹部、さらにはできるだけ多くの自民党議員にも手渡し、賛同してもらえる議員の名前を募った。

女だからってなめるな! 完全勝利へ

そのころ私たちが言われていたこととして「女性議員は税を感情で考えている」というのが

あった。女性議員が主張すると、「感情的」、「ヒステリー」ということで切り捨てようとする、そんな偏見が透けて見えた。女性議員だからという理由で発言を軽く見て、取り合ってもくれない、税調幹部が面会すら拒否する、そんな自民党であっていいのだろうか。

「女だからってなめてんのか」という「怒り」がフツフツと湧いてきた。

12月10日の税調平場では、できるだけ多くの男性議員にも発言をしてもらい、また私たちの案に賛同する130名以上の名簿を提出した。

シングルマザーサポート団体全国協議会の女性たちが、プラカードを持って自民党本部901号室の前に並んだ。例年、業界団体がプラカードやビラを配って要望活動をするのが、習わしとなっている自民党において、初めて、業界利益のためではなく、正しいことをするために女性たちがプラカード持って並ぶという異例の光景があった。

最終的に賛同者名簿は144名に上り、多くの男性議員も含めて自民党議員が私たちの案に賛同したことから、未婚のひとり親にも等しく公平に寡婦控除が適用され、さらにはその名称も『ひとり親控除』となった。完全勝利だった。私たちの案が通ったことがわかると、プラカードを持って立っていたシングルマザーの中には、うれしくて泣きながら帰った人もいたという。

その日の夜、「飛躍の会」のメンバー、協力してくれた男性議員、そして「しんぐるまざあず・

自民党本部901号室の前にプラカードを掲げて並ぶシングルマザーの会と母子寡婦の会の女性たち

「飛躍の会」のメンバー他と勝利を祝う

ふぉーらむ」の赤石さんと秋吉さんでささやかな打ち上げの会を開いた。

彼女らは、もし「児童扶養手当」で決まれば、裁判を起こすしかないと思いつめていた。裁判を起こされたら、国が敗訴する可能性はあったと、私は思っている。未婚のひとり親だけ差別する合理的理由がないからだ。

赤石会長のフェイスブック投稿によると、税調で彼女たちの長年の主張が認められることが確定となった日、いつもの新宿駅の風景が違って見えたという。

私たちが目指していることはこういうことなのだと思う。今、現実に日本の社会の重圧や差別に悩んでいる人々がその思いから解放され、日本の「風景が変わった」と思える政策を、恐れず進めていきたい。

2. 自民党を変えて、日本を変える！ それができるのは女性

© 宝島社

まさに、私たちが言いたいことは、このこと。
『自民党のおじさん政治をぶち壊す！』

宝島社企業広告「次のジョブズも次のケネディも次のアインシュタインも、きっと、女。」
2020年1月7日、日本経済新聞掲載
＊民衆を導く自由の女神（ウジェーヌ・ドラクロワ作）
1830年に起きたフランス7月革命が主題。

【広告内の文章】
未来は、女の側にある。本当のところ、世界は停滞も閉塞もしていない。していうのは、エライおじさんたち。変化を嫌い、新参を排除し、現状維持に奔走した結果、彼らは毎週のように謝罪会見を開いている。そこからはもう、何も生まれない。世界を変える新たな何かは、既得権から解放され、遠慮や忖度や前例を知らない女たちから生まれるだろう。好奇心も自由も、女の得意技。彼女たちにこそ、未来は微笑む。

【宝島社による広告意図】
この企業広告のテーマは「女性」です。
「女性活躍推進法」が施行されて、はや5年。
女性が“輝く”社会は実現されたでしょうか。
そもそも女性が輝かない社会に未来はあるのでしょうか。
新しい元号になって初めてのお正月。
女性こそが希望であることを改めて宣言し、
わかち合いたいと思いました。
その上で、すべての女性が自分らしく生きられるように
何をするべきか。考えてゆければ、と思います。

批判も。

(1) 伝統と創造

保守とは多様性を認めること

「未婚のひとり親」問題に取り組んだことで、自民党男性議員から「稲田さんは保守だと思ったのに左翼だった」という的外れな批判を受けた。「結局、主義主張がなかったんだよ」との批判も。

しかし、私は主義主張があったからこそ、自民党案に反していても自分が正しいと思う税制改革を進めることができたと思っている。

「保守とは多様性を認めること」だ。「保守」であるからこそ、自分は間違うかもしれないという謙虚さを持っている。だからこそ、他人の意見に耳を傾け、他人の生き方を尊重できる。「保守」だからこそ多様性を実現できる。自民党だからこそ「多様性」を実現するための政策をとり、日本を変えることができる。

私たちが目指しているのは、そういうしなやかで、柔軟な保守だ。

伝統的家族を守るとは?

未婚のひとり親を、離婚や死別のひとり親とは区別すべきだという考え方の背景には、「伝統的家族を守る」という主張があった。ひとり親になった理由として、入り口で、正式な結婚をしているかどうかは決定的な違いがあるというのだ。

「伝統的家族」の定義は定かではないが、イメージとして、お父さんがいて、お母さんがいて、子どもがいて、仲良く暮らす家族というようなものだと思う。古きよき日本の家族に誰しも郷愁を感じ、高度経済成長時代の、お父さんが企業戦士で、お母さんは専業主婦としてしっかり家事をして、子育てするというイメージ。それを守ることが日本を守ることに繋がる、というのが保守、そして「伝統的家族」という考えもあるだろう。

私自身もそういう考えを持っていた時期もあるし、今もその考えを否定するつもりはさらさらない。しかし、「伝統的家族を守る」と声高に言うことが、伝統的家族からはみ出た人々を排除する言葉として使われてはならない、と強く思うだけだ。

私は、母子家庭でも父子家庭でも血の繋がりのない親子でも、同性カップルでも支えあっていれば家族だし、家族として尊重し、支援したい。そういった家族が生きづらさや疎外感を感じない社会をつくりたい。もちろん、両親そろって子どもがいることは理想的だが、そうでない家庭も沢山あって、政治はそういう家庭も等しく、むしろそういう家庭こそ支援すべきだ。そのような多様な家族を支援しても、決して「伝統的家族を壊す」ことにはならないはずだと思う。誰でも結婚して子どもができて家族で幸せに暮らしたい。でもいろんな事情でそれができない場合もある。そういう状況の人々を排除したくない。

今回の未婚のひとり親を差別する理由として「伝統的家族を壊す」と言われたとき、伝統的家族を築けなかった人を排除する冷たい言い方だと思った。もっと、それぞれの場所で、一生懸命生きている人たちに対して、優しい政治ができないものだろうか。

私の政治理念は、「伝統と創造」

さて、ここまで読んでくださった読者は、「稲田さんって結構リベラルなんだ」って思う人も多いかもしれない。それでも私は自分を「保守政治家」であると自負している。『伝統を守りながらも、新しい風景を創造する』。これが私のめざす「あたらしい保守」「しなやかな保守」である。伝統なき創造は「空虚」、そして創造なき伝統は「枯渇」。では、守るべき伝統とは何か。

2000年以上続く皇室の伝統を守ること、日本の国柄を守るうえでこれほど重要なことはない。昨年は、上皇陛下がご譲位され、令和の御代《みよ》が幕をあけた。

私は即位の礼と大嘗祭《だいじょうさい》に参列し、天皇陛下ご即位の歴史的瞬間に立ち会うことができた。

即位の礼の当日は大雨でロングドレスの裾が濡れるぐらいの勢いだったが、正午ごろ天皇皇后両陛下がお出ましになると、にわかに空が晴れ上がり、虹まで出たのだ。何か人智を超えた厳かなものを感じた。

天皇陛下のお言葉の中に「国民の幸福と世界の平和を祈る」というフレーズがあった。2000年以上ご自分のことではなく、国民の幸福を、そして日本のことだけでなく世界の平和を祈ってきた存在である天皇陛下のおられる国、その伝統を守り続けてきた国、そしてその伝統を守ることが国柄を守るということだ。

さらに日本には、皇位継承において男系（父方系）を維持してきた2000年以上の圧倒的な歴史がある。このような国は世界で唯一無二である。この事実の積み重ねを、単に肯定するだけではなく、継承してきた先人たちの意思とその意味を深く受け止めなければならない。

確かに歴史上8人の女性天皇がいた。しかし、全て男系（父方系）の女性天皇である。女性ではいらっしゃるが、女系天皇、つまり母系の天皇ではない。「お父さん」をずっと辿《たど》っていって神武天皇まで続く世界に一つしかない圧倒的に美しい伝統。これを壊すことは保守政治家としてはできない。皇位継承における男系（父方系）維持が守るべき日本の伝統だということと、女性活躍とはまったく次元の異なる問題である。

私は女性宮家にも反対している。なぜなら、女性宮家を創設することは女系（母方系）天皇を誕生させることにつながるからだ。現在秋篠宮家の悠仁《ひさひと》親王まで皇位継承順位は定まっている。まだ時間的余裕がある中において、軽々に女性宮家を認めて、日本の圧倒的伝統を壊すことがあってはならない。

国柄を守る

では、日本の国柄を守るとはいかなることなのか。私は日本の山と海と農地を守るということだと考える。

私が生まれたのは福井県の山間の小さな村だ。生まれた日は大雪で、母は病院にも行けず、産婆さんに取り上げられた。小さすぎて、乳首が口に入らず、多分助からないと言われていたという。幸運に恵まれて、ここまできたが、私の原風景は大雪の中、立ちすくむ若い母と小さな私。ふるさとの山や田や海を守ることが、国柄を守ることだと思っている。

福井は美しい田園風景に囲まれ、美味しいお米を作っている。お米は日本人の主食であり、水田は日本の美の象徴、稲作は日本の文化の原点である。

この美しい水田を守り、豊かな農地を子々孫々までつなげることが日本を守ることだ。

（2）国を守るということ―安全保障について

挫折をバネに

たった1年だが、防衛大臣を務めた。人生においても政治家としても試練の連続の1年だったが、掛け替えのない素晴らしい経験をした1年だった。

辞任したことも政治家としてのキャリアとしてはマイナスだったかもしれないが、挫折があったからこそ気がついたことがあまりに多い。人間、あまりにも順調だと、周りの人の痛みに鈍感になる。挫折を味わうと人の痛みをしっかり受け止めることができる。辛かったけど、良い経験をさせていただいた。

「女性議員飛躍の会」を作った理由の1つは、自分の防衛大臣時代の挫折を通じて学んだことを後輩の女性議員たちに伝えたいという気持ちだ。

マスコミ対応や国会答弁、さらには先輩議員や同僚議員、そして野党議員との接し方に至るまで反省の連続だ。未熟だからこそ気がつかなかったこと、経験不足からくる自信のなさ、官僚たちとの信頼関係の築き方、あまりに官邸の意向を気にして判断を誤ったことなど、たくさんの経験とたくさんの失敗とたくさんの挫折があった。

一方、たった1年だが、防衛大臣を経験して、日本を取り巻く安全保障環境がかくも厳しいということを肌感覚として知ることができた。

以下、私が認識している世界情勢について述べる。

国の安全保障、その究極の目的は、国民の生命・身体・財産、領土・領海・領空を守り抜くこと。すなわち、国民の命と平和な暮らしを守ることだ。昨年改定された「防衛大綱」にそのことが初めて書き込まれた。これは画期的なことではあるが、今までそんなことすら書いていなかったことに驚く。国際政治学者のジョセフ・ナイ教授は、「安全保障は酸素のようなものである。失ってみたときに初めてその意味がわかる」と述べている。日本の置かれた環境を考えると今一度この言葉の意味を噛みしめる必要がある。

①全般（「戦略的競争」の時代）

私たちが考える以上に日本を取り巻く環境は厳しく、しかもそのスピードは速い。世界の超大国である米国と、それを追いかけ、取って代わろうとしている中国をはじめとする新興国のパワーバランスの変化が予想以上に加速している。ここでのキーワードは「戦略的競争」という言葉だ。

自らに有利な国際秩序・地域秩序を作ろうとする、また影響力を拡大しようとして、政治面・

経済面・軍事面で行われる国家間の競争が顕著になっている。この競争のことを、いわゆる「戦略的競争」と呼んでいる。

冷戦終焉から30年。当時は市場経済と自由民主主義が世界にあまねく定着することで、イデオロギーや国家間の対立は無くなる、その意味で「歴史の終わり」が訪れるという議論（フランシス・フクヤマ）が現実味をもってなされていた。

しかし、現実にはそうはならなかった。世界はある意味では「多極化」したものの、想像を超えて「競争的」な場となっている。法の支配、自由、民主主義等を基本的価値とする国際秩序に対する挑戦は、むしろ増えているのだ。アメリカは、中国やロシアといった国々を、現在の国際的なルールをないがしろにして、国際秩序の在り方に対して、力によって修正を加えようとする「修正主義国家」と呼んでいる。そしてこうした国々との間で行われている国際秩序における主導権や影響力をめぐる競争、すなわち「戦略的競争」こそが、アメリカの安全保障にとっての主な懸念であるとしている。

こうした「戦略的競争」に使われる手法として最近よく指摘されるのが、「地経学（ジオ・エコノミクス）」と言われる、経済的手段を政治目的で用いるという考え方だ。ある意味では米中の貿易戦争も、こうした概念で捉えることも可能である。我が国周辺で言えば、「グレーゾーン事態」と呼ばれるものがある。中国が「力による現状変更」を試みている。尖閣《せんかく》諸島周辺を含む東シナ海をめぐる状況については、まさに「有事までは至らない形で現状変更を試み、勢力範囲を拡大する動き」である。中国はこれを常態化し、隙あれば活動レベルを上げることを狙ってきている。

「サラミスライス」という言葉で表わされるように、少しずつ現状変更の試みをエスカレートさせ、それにわが国が対応できるかを見ているのだ。こうした「力による現状変更」の試みに対しては、「法の支配に基づく自由で開かれた国際秩序」という、現在の国際社会が繁栄し安定を享受することのできる基盤を守り、広げていくことで対抗するしかない。いまや安倍総理が世界において、この理念を語れる数少ないリーダーである。このような状況の中で、何より重要なことは、憲法改正によって自衛隊の位置付けを明確にすることだ。

②朝鮮半島情勢

朝鮮半島情勢について述べたい。

北朝鮮は、昨年、合計12回、20発を超える弾道ミサイルを日本海に向けて発射した。今年に入ってすでに2回発射している。2回にわたる米朝首脳会談の開催にもかかわらず、我が国から見れば、日本海を隔ててすぐそこに、我が国を射程に入れた数百発もの弾道ミサイルを、いつでもどこでも発射できる状況が存在することに何ら変わりはない。また北朝鮮は既に核兵器の小型化・弾頭化の実現に至っていると考えられる。一方、わが国のミサイル防衛はミサイルをミサイルで撃ち落とすというもの。わが国の安全保障に対する深刻な脅威がすぐそこにある。これが現実だ。

【最近の日韓関係】

北朝鮮の弾道ミサイル・核開発に対抗していくうえで、日米2か国、日米韓3か国を含む、国際社会の結束は最重要だ。最も脅威にさらされていながら、攻撃力を持たないわが国にとってはなおさらだ。

安倍総理は、所信表明演説で、「韓国は、元来、基本的価値と戦略的利益を共有する最も重要な隣国」と非常に工夫した表現を使われた。これは韓国に向けた大事なメッセージだ。日韓関係の悪化の背景には様々な事案があるが、最大の理由は、旧朝鮮半島出身労働者（いわゆる徴用工）の問題だ。昨年末の日韓首脳会談では、この問題について、安倍総理は文在寅《ムンジェイン》大統領に国際法違反の是正を求めた。

そもそも、戦時中の被害についての解決は国と国との合意、そしてそれに基づく賠償がすべてである。徴用工の被害賠償については、日韓請求権協定において解決ずみなのだ。あとは韓国の国内問題である。かわいそうだということで個人賠償を認めることは、国際法における信義・公平に反する。

人間関係でも言えることだが、国と国との関係で最も重要なことは信頼である。国と国が合意したことを、その後の国内世論によって解釈を変えていく国とは、信頼関係を築くことは難しい。

③中国

次に中国について述べたい。

日本と中国とは、地域の平和と繁栄に大きな責任を有する特別な2国間関係であり、大局的な観点から友好関係を安定的に発展させる必要がある。

同時に、中国との間では、尖閣諸島周辺海域における領海侵入など、様々な懸案が存在する。これらの懸案については、安倍総理から習主席や李首相に直接提起してきている。中国に対しては、主張すべきはしっかり主張し、前向きな対応を強く求めていく、そのために首脳レベルの直接対話が重要だと思う。

さて、中国を取り巻く状況を俯瞰すれば、習近平主席は、今世紀半ばまでに「世界のトップレベルの国家になる」、また「軍隊を世界一流にする」との目標を掲げている。もはや、中国は、既存の国際秩序に挑戦する姿勢を隠さない。国家の運営及び外交に関して自信を深めている様子が強くうかがえる。

【ペンス米副大統領演説】

こうした中国に対して、国際社会からは懸念の声が強まっている。特に昨年秋（10／24）にペンス副大統領がワシントンDCで行った演説に注目したい。その1年前にペンス副大統領が行った演説は、アメリカの対中国政策を大きく転換させ、「新たな冷戦の始まり」を示すものとして、大きな注目を集めた。1年前の演説で、ペンス副大統領は、中国による影響力拡大の動き、利益獲得の動きに対して、アメリカの歴代政権はこれを見逃し、あるいはむしろ助けてきたとし、そうした日々はもう終わったと宣言した。そのうえで、具体的に、アメリカのハイテク技術・知的財産の略奪、軍事力強化によるアメリカ排除の動向、他国を「借金漬け」にする外交、アメリカ民主主義への干渉といったさまざまな動きを具体的に取り上げ、批判したうえで、アメリカは自らの安全保障と経済のために毅然と立ち向かい、断固とした行動をとり続けると主張した。

昨年の演説においては、こうした方向性を維持しながら、さらに「中国は、1年が経過した現在も、意味のある行動を取っておらず」、「多くの問題で、中国の行動はさらに攻撃的に」かつ「挑発的になっている」と非難している。その例として、東シナ海における現状に言及し、「日本による中国に対するスクランブルの回数は過去最多となる見通し」と発言していた。

【国際社会による懸念への対応＝法の支配に基づく国際秩序の重要性】

中国は、第二次世界大戦後にアメリカが主導した「自由・民主主義・法の支配に基づく国際秩序」から大きな恩恵を得て、今日の繁栄を築いてきていることを忘れるべきではない。ところが、大きな経済力を手にした中国は、地域及び世界において既存の秩序に挑戦し影響力を増大させようとしているのだ。「過去の政策は、中国に関与していけば、信頼できるパートナーに変化するという前提だった。しかしこうした前提は間違っていた」ということだ。アメリカだけでなく、イギリスやフランスにおいても、こうした考え方は強くなっており、これを受けて、両国はアジア太平洋における関与を明らかに強めてきている。

こうした状況の中で、改めて、我々が国際社会に強く訴えなければならないのは、「法の支配に基づく国際秩序」の重要性である。こうした秩序が保たれてこそ、地域に安定と繁栄がもたらされるのである。すなわち、ルールがあってこそ、他国がどのように行動するのかについて予測可能性が保たれる。

そして、現状を変えようとして武力の行使や脅しが用いられることは、あってはならない。意見の違いや緊張はルールに則って平和的に解決されなければならない。こうした「法の支配に基づく国際秩序」の重要性はいくら強調しても足りないだろう。

このように、「法の支配に基づく国際秩序」が如何に重要であるか、そしてこれを守るために地域の国々が、分断を許さず「団結」していくことが如何に必要であるか。まさにこの「団結」こそが問題解決のためのカギである。

これらの点は、私が防衛大臣を務めていた期間に、国際会議や外国での講演の際に、繰り返して強調していた重要なメッセージである。3年前に比べれば、国際的に相当程度浸透してきているように思われるが、引き続きさまざまな機会をとらえて訴えていきたいと考えている。

日本を守る──自衛隊の役割

日本は、前述のとおり北朝鮮、中国、ロシアといった、力で現状変更を試みている国々に取り囲まれている。北朝鮮と中国とで約1000発もの日本を射程に入れたミサイルが配備され、その何割かは核を搭載できるミサイルだ。日本のミサイル防衛はミサイルをミサイルで撃ち落とすというもので、敵基地反撃能力は有していない。攻撃力はすべてアメリカまかせだ。果たしてこのような状況で日本を守ることができるのだろうか。

最小限の敵基地反撃能力を持つことは、憲法のもとでも許されており、今の状況、そして変化のスピードからすれば、早急に敵基地反撃能力を身につけるための検討に入る必要がある。

平和安全法制が審議されていた頃、中東のホルムズ海峡有事が議論された。

当時は机上の頭の体操という域を出なかったが、今や米国とイランの軍事応酬の中、自衛隊を情報収集、警戒監視の目的で派遣するという事態になり、現実味を帯びてきた。

まずは、中東において、積極的な外交を展開し、日本のプレゼンスをさらに高めた安倍外交の見事さは日本の国益である。その上で議論があるなか、年間約3900隻ものこの地域を航行するわが国関連船舶を守るために、自衛隊が情報収集、警戒監視の任務を帯びてオマーン湾、アラビア海、アデン湾に派遣された。

アメリカのイニシアティブに入ることなく、日本独自に自衛隊の活動を行う外交的意義は非常に高い。アメリカとイランの緊張が増している状況のもとで自衛隊を派遣することは、自衛隊員を危険に晒すことになり反対だと野党は言うが、わが国の90パーセントの原油が運ばれてくる海域の平和と安定は、日本経済にも国民の生活にも直結する。

さらにはこのようなときだからこそ、自衛隊員の安全を確保しつつ、わが国関連船舶の安全な航行を担保するために、自衛隊が派遣されるのだ。国民からも世界からも尊敬される自衛隊が、日本らしい活躍を果たすことを期待してやまない。

(3) 多様性を実現するために

前述のとおり、保守こそが多様性を実現できると信じる。では現在の日本の社会において、多様性を実現するための大きな政策は何か。私は、女性活躍とLGBT理解増進をあげたい。

女性活躍

未婚のひとり親税制の闘いで述べたように、女性の政治家が少ないことが日本の民主主義を歪めていることはもはや疑いがない。

平成29年、政治分野における男女共同参画推進法が制定されたが、この法律は政党に努力義務を課すものであって、法的義務はない。

私は当時から幹事長室にいる（当時は筆頭副幹事長、現在は幹事長代行）が、党の政策として女性の政治家を増やすための具体的努力はまだ不十分だ。

昨年は参議院選挙があったが、自民党の女性参議院候補は3年前と同じ12人、当選者は10人と全く変わらない。

自民党の基本的な考えは、女性も男性も能力があれば登用される、その結果政治分野における男女の割合が平等になることが理想だというものだ。

かつての私も同じ考えのもと、クォータ制に反対していたが、今は違う。むしろクォータ制を取り入れるべきだと思っている。なぜなら、私が国会議員になって15年が過ぎて何も変わらない。相変わらず、自民党の風景も日本の風景も変わらないからだ。

私たち2005年当選同期の議員は、小泉劇場と呼ばれた解散・総選挙で当選し、国会議員となった。私自身も小泉チルドレンと呼ばれ、郵政解散がなければ、そして安倍総理と出会わなければ、国会議員になることはなかっただろう。83人の新人の中で16人の女性議員が誕生したが、現在残っている女性議員は7名だけである。また現在の3回生議員も女性が11名いたが

主な国の国会議員に占める女性の割合

順位(下院)	国名	下院又は一院制					(参考) 上院				
		議員数(人)	女性(人)	男性(人)	女性割合(%)	男性割合(%)	議員数(人)	女性(人)	男性(人)	女性割合(%)	男性割合(%)
1	ルワンダ	80	49	31	61.3%	38.8%	26	10	16	38.5%	61.5%
2	キューバ	605	322	283	53.2%	46.8%	-	-	-	-	-
3	ボリビア	130	69	61	53.1%	46.9%	36	17	19	47.2%	52.8%
4	アラブ首長国連邦	40	20	20	50.0%	50.0%	-	-	-	-	-
5	メキシコ	500	241	259	48.2%	51.8%	128	63	65	49.2%	50.8%
6	ニカラグア	91	43	48	47.3%	52.7%	-	-	-	-	-
7	スウェーデン	349	164	185	47.0%	53.0%	-	-	-	-	-
8	グラナダ	15	7	8	46.7%	53.3%	13	4	9	30.8%	69.2%
9	アンドラ	28	13	15	46.4%	53.6%	-	-	-	-	-
10	南アフリカ	397	184	213	46.3%	53.7%	54	21	33	38.9%	61.1%
11	フィンランド	200	92	108	46.0%	54.0%	-	-	-	-	-
12	コスタリカ	57	26	31	45.6%	54.4%	-	-	-	-	-
13	スペイン	350	154	196	44.0%	56.0%	264	103	161	39.0%	61.0%
14	セネガル	165	71	94	43.0%	57.0%	-	-	-	-	-
15	ナミビア	96	41	55	42.7%	57.3%	42	8	34	19.0%	81.0%
16	スイス	200	83	117	41.5%	58.5%	46	12	34	26.1%	73.9%
17	ノルウェー	169	70	99	41.4%	58.6%	-	-	-	-	-
18	モザンビーク	250	103	147	41.2%	58.8%	-	-	-	-	-
19	アルゼンチン	257	105	152	40.9%	59.1%	72	29	43	40.3%	59.7%
20	ニュージーランド	120	49	71	40.8%	59.2%	-	-	-	-	-
21	ベルギー	150	61	89	40.7%	59.3%	60	27	33	45.0%	55.0%
22	ポルトガル	230	92	138	40.0%	60.0%	-	-	-	-	-
25	デンマーク	179	71	108	39.7%	60.3%	-	-	-	-	-
26	フランス	577	228	349	**39.5%**	60.5%	348	116	232	33.3%	66.7%
28	オーストリア	183	72	111	39.3%	60.7%	61	23	38	37.7%	62.3%
31	アイスランド	63	24	39	38.1%	61.9%	-	-	-	-	-
36	イタリア	630	225	405	35.7%	64.3%	320	110	210	34.4%	65.6%
39	イギリス	650	220	430	**33.8%**	66.2%	795	216	579	27.2%	72.8%
40	オランダ	150	50	100	33.3%	66.7%	75	29	46	38.7%	61.3%
48	ドイツ	709	221	488	**31.2%**	68.8%	69	25	44	36.2%	63.8%
51	オーストラリア	151	46	105	30.5%	69.5%	76	37	39	48.7%	51.3%
52	ラトビア	100	30	70	30.0%	70.0%	-	-	-	-	-
52	ルクセンブルク	60	18	42	30.0%	70.0%	-	-	-	-	-
58	カナダ	338	98	240	29.0%	71.0%	99	48	51	48.5%	51.5%
59	エストニア	101	29	72	28.7%	71.3%	-	-	-	-	-
60	ポーランド	460	132	328	28.7%	71.3%	100	24	76	24.0%	76.0%
64	スロベニア	90	25	65	27.8%	72.2%	40	4	36	10.0%	90.0%
79	リトアニア	141	34	107	24.1%	75.9%	-	-	-	-	-
82	アメリカ	431	101	330	**23.4%**	76.6%	100	25	75	25.0%	75.0%
83	イスラエル	120	28	92	23.3%	76.7%	-	-	-	-	-
87	チリ	155	35	120	22.6%	77.4%	43	10	33	23.3%	76.7%
89	チェコ	200	45	155	22.5%	77.5%	81	12	69	14.8%	85.2%
99	アイルランド	158	33	125	20.9%	79.1%	60	19	41	31.7%	68.3%
101	ギリシャ	300	62	238	20.7%	79.3%	-	-	-	-	-
101	スロバキア	150	31	119	20.7%	79.3%	-	-	-	-	-
123	トルコ	589	102	487	17.3%	82.7%	-	-	-	-	-
124	韓国	295	51	244	17.3%	82.7%	-	-	-	-	-
156	ハンガリー	199	24	175	12.1%	87.9%	-	-	-	-	-
165	日本	464	46	418	9.9%	90.1%	245	56	189	22.9%	77.1%

資料出所：IPU「Women in Parliaments」(2020年1月1日時点)
出所：PU「Women in Parliaments」(2020年1月1日時点)
(注)　1．割合は小数点第2位を四捨五入したもの。
　　　2．調査対象国は191か国。そのうち、上位20か国及びOECD加盟国(36か国)を抽出。

5名に減っている。つまり、この15年間で自民党の女性議員は増えておらず、状況は何も変わっていない。

スキャンダルや郵政解散のような異常事態において、女性は重用され、候補者になれるが、自民党が強い平時において女性はむしろ党内で厳しい立場に立たされ、公認を取ることすら難しい場合もある。しかも女性議員が少ないことの弊害の1つとして、目立つが故に、マスコミの餌食になりやすいということだ。

防衛大臣辞任直後の衆議院総選挙において、厳しい選挙を戦っている私の選挙区にワイドショーはじめマスコミが大挙して押しかけ、不利な状況をテレビで流し続ける風景があった。防衛大臣時代は、「何時何分から何時何分の間、委員会審議中に口元が痙攣していたが、専門医の診断では顔面神経痛の疑いがあるというが、どうか?」など、神経をすり減らす質問が連日のようにファックスされてくる。

それでも私は、防衛大臣の1年間は、かけがえのない経験だったと思う。自分の未熟さにも気づかされたし、人の痛みを自分ごととして感じることができるようになった。これは政治家としての財産だ。しかし、この15年間、日本の女性政治家は増えないばかりか、減少傾向にあるのだ。こんな状況の中で、少女たちが政治家をめざすだろうか?

女性議員を増加させたフランスの改革

一方、制度を改革して成功したのがフランスである。フランスでは、2000年頃までは国会議員に占める女性の割合は10％程度であった。それが、現在は国会議員の約37％（2019年、IPU資料）を女性議員が占めるまでになっている。議員の一定数を女性に割り当てるクォータ（quota＝割り当て、分配）制の導入が女性議員誕生の後押しをしたのである。女性議員の比率が低かったフランスでは、早い時期からクォータ制の導入が叫ばれていた。しかし、フランス憲法院は1982年に「特定枠を優先する」ことは違憲であるという判決を下していた。

そこでフランス政府は1999年に憲法を改正し、憲法に、『議員職及び公職へのアクセスは男女とも平等でなければならない』ことを明記した。これを受けて翌年には、「公選職への女性と男性の平等なアクセスを促進する法律」が制定された。このことにより、フランスでは女性の政治進出が飛躍的に高まった。

これに対して、日本の現状はかなり遅れた状況となっている。私はその責任は長く政権与党にあった自民党にあると考える。私はこの閉塞感を打破するためには、クォータ制を導入するしかないと思っている。例えば候補者の3分の1を女性にするという法的義務を政党にかけるのだ。ただ、ここで問題となるのは憲法14条との関係である。フランスと同じように女性議員のみを優遇することが平等原則に反する可能性がある。

フランスのように憲法を改正してクォータ制が違憲にならない憲法改正を考えるべきだ。しかも、14条を改正して実質的平等を加えることで、他の女性政策が飛躍的に推進されることは確実だ。日本の風景を変えるための改憲なのだ。

使い続けてきた姓を維持する

選択的夫婦別姓もかつては家族を壊すものとして反対してきた。しかし、女性活躍の観点からも、人生100年時代の多様な家族制度を守るためにも、使い続けてきた姓を維持したいという女性の立場も尊重すべきだ。

近年では通称使用が拡大しているが、社会の安定を考えると、2つも3つも名前を持つ男女が増えることは決して好ましくない。一方、家族の一体感が損なわれるとか、家族解体の思想だと批判されるが、家名を守りたいが故に、別姓を望んでいる女性たちもいる。多様な家族を守るために、そして女性が生き生きと活躍できるために、それまでの姓を使い続けることができるよう「姓継承制度」を提案していきたい。

選択的夫婦別姓という言葉の中に、家族を解体し、個に戻るという思想が含まれているとアレルギーを感じる人も多いので、「姓継承」というネーミングを考えてみた。これらは、与党も野党もない。オールジャパンで取り組むべき課題であり、賛成派も反対派も議論を開始すべきだ。

姓の問題は家族のあり方や戸籍制度にもかかわる問題なので、しっかり議論して方向性を見きわめていきたい。

LGBT理解増進法

多様性を実現するための代表的な例としてLGBT問題がある。性的マイノリティの人々が抱える様々な問題について、私は政調会長の時からLGBTに関する特命委員会を作り、内外に向けて勉強会を開き、課題提起を続けてきた。それにもかかわらず、LGBTイベント（「東京レインボープライド2016」）に参加した際、周りの参加者からも従来の支援者からも批判された。

なぜ、極右（巷では私のことをそう呼ぶ人々がいる）の保守政治家が、リベラルな運動の片棒を担ぐのかと。しかし、弁護士出身の私から見ると、ＬＧＢＴはまさしく人権問題である。ＬＧＢＴの人々にとって、性的指向、性自認は生きていくうえでの核であり、人生そのものなのだ。自分を隠して生きていくことは想像を超えた困難な人生だ。自分をあるがまま表現できず、後ろめたい気持ちを持ち続け、いつ暴露されるかビクビクして生きていくのは、誰にとっても辛い。

ここでも「伝統的家族を壊す」という主張のもとＬＧＢＴを認めないという考えがある。特に自民党政治家の中に「それって病気でしょ？」とか「認めてるよ。でも例外なんだからことさら人権なんて言う必要ないよ」「ＬＧＢＴを認めたら少子化になる」と言う人が多かった。

しかし、発想を転換する出来事があった。ある日、ＬＧＢＴの当事者が自民党本部の幹事長室にやってきた。私は「自民党本部に来たことある？」って聞くと、「自民党本部の前でデモしたことはありますが、入ったことは初めてです」と言われて、みなで笑った。

未婚のひとり親の時も感じたが、社会的マイノリティと言われる方々にとって、「自民党が頼れる存在とは思わなかった」だから「陳情もしなかった」ということなのだ。これこそが、自民党が変わらなければならない閉塞感だ。国民政党である自民党は、すべての国民から頼られる存在でなければならない。「伝統的家族」の名のもとに、排除してはならないのだ。

ＬＧＢＴのカップルが私に言った。

「私たちだって伝統的家族を作りたいんです！」

ＬＧＢＴの方々が生きづらさを感じる世の中を変えたい、ＬＧＢＴであることが普通の人と変わらない世界を作りたいと私は思った。道のりは遠いかもしれない。しかし今一人で悩んでいる当事者の方々が、「いつもの風景が違って見える」と生き生き明るく頑張れる世の中を実現したいと思っている。

自民党では、理解増進法を議員立法で成立させるべく、古屋圭司委員長の下ですでに法案原案も作成済みである。公明党も賛成だ。野党が提案しているような、差別禁止法の制定を実現したとしても、国民の意識がそこまで高まっていなければ法律は絵に描いた餅となる。

ＬＧＢＴに対する理解を広く社会に浸透させるための理解増進法を作り、その上で日本の家族制度も視野に入れた落ち着いた議論を続けていく。

男女が平等で多様な働き方ができる時代へ

私は、行革担当・規制改革担当大臣の時、農協改革や公務員制度改革など様々な改革を行った。しかし、改革の中で、実現しなかったのが雇用制度改革である。

雇用制度改革を実施し、女性がもっと働きやすい社会を実現したいと考えている。女性だけでなく、日本人のすべてが、働くことが幸せと感じる雇用制度に改革しなければならない。そのためには日本の雇用制度そのものの抜本的改革が必要だ。

日本の労働生産性は極めて低い。その根本原因は硬直化した雇用制度にある。人生100年時代において、もはや高度成長期の「終身雇用」「年功序列」「定年制」の維持は不可能だ。企業が内部留保を溜め込んでいることが問題だというが、企業がリスクをとって投資できない最大の理由は硬直化した雇用制度にある。新たな分野に挑戦して、失敗しても、増員した従業員の固定経費分は負担し続けなければならないと思えば、思い切ったチャレンジができないことは当たり前である。しかし、大胆な雇用改革を断行するには、手厚いセーフティネットが必要だ。ここは、歳出改革をし、それでも足りなければ、一時的に赤字国債を発行してでも、待ったなしの思い切った雇用改革を断行して、労働生産性を上げ、GDPを上げることを考えるべきだ。

さて、安倍政権になってから、女性就労者の数は増加し続けている。働く女性は平成30年時点で、3000万人を突破し、労働力人口の約44%を占めるまでになった。しかし、この多くが非正規であり、まだまだ理想にはほど遠いのが現状だ。早急に同一労働・同一賃金を実現させなければならない。そのためにも硬直化した雇用制度を変えなければならない。

出産後の女性の職場復帰、様々な世代の再チャレンジの支援、リカレント教育に思い切った予算をつけるなどの政策を通して、変化する社会や家族のあり方に、多様に対応していく必要がある。18歳まで一生懸命勉学に励み、有名大学に入り、有名企業に就職し、同じ会社で定年まで働く。定年後は余生を楽しむ。女性は社会で活躍することよりも、専業主婦に徹することが好ましいとされる。このような人生モデルがとうの昔に崩壊していることは誰の目にも明らかだ。

人生100年時代と言われる現代は、様々なことに何度でもチャレンジできる時代である。終身雇用と年功序列で固定された雇用環境を改革し、もっと多様な働き方とチャンスのある社会にしていかなければならない。40歳になって医学部に入学してもいいし、司法試験を受けて弁護士になってもいい。またその逆に、大学を出て企業に就職せず、ベンチャー企業を起業してもいい。年齢で差別しない、男女の差別もしない、そんな社会にすべきである。

(4)日本のあるべき姿と憲法改正

主権が制限されていた占領下に制定された現憲法

多様性のある新しい保守の姿を探るうえで、現行の憲法の改正は必須である。現行憲法は、

南スーダンでの自衛隊による平和維持活動

日本の主権が制限されていた占領下にできた。これは紛れもない事実である。マッカーサーがその素案を示し、わずか2週間で、連合国軍最高司令官総司令部の主導で作られたのが現在の憲法である。その象徴的な条文が憲法9条である。

当時は、自衛権の行使も認めないという国会答弁すらあった。そのような状況から、戦後日本はスタートした。ところが1950年に朝鮮戦争が起こると、日本を非武装化したはずのアメリカが、日本の再軍備を求めてきた。その結果、警察予備隊が創設され、警察予備隊は1952年には保安隊となり発展的解消をする。この流れを受けて1954年に自衛隊が設立された。戦後日本は、この時、大きな矛盾を背負った。矛盾の結果、政府は、その時々で、自衛隊は戦力ではない、という苦しい答弁を続けざるを得なくなってしまった。

私は防衛大臣として、自衛隊が平和維持活動を担う南スーダンやジブチなどを視察した際、現行憲法下で、自衛隊が素晴らしい働きをしている現状をつぶさに見て回った。自衛隊の平和維持活動が、世界から尊敬を集めているという事実も実感した。

この自衛隊を、きちんと憲法に明記することが必要だ。２０１６（平成28）年に施行された平和安全法制により限定的な集団的自衛権を認めたが、自衛隊をしっかりと憲法に位置付けることが非常に意義のあることだ。

日本の風景を変える～多様性・持続可能性・公平性～

女性が活躍することで日本の社会変革が起きると信じている。

私は「伝統的家族」を大切にしてきた保守政治家である。ただ、人生百年時代を迎えて、「伝統的家族」の中身は多様化している。いろんな生き方が選択できるし、多様な選択をする必要が出てきているからだ。

そして、未婚のひとり親の税制やＬＧＢＴの理解増進で述べてきたように、「伝統的家族」

の名のもとに「伝統的家族」を作れなかった人や、「伝統的家族」からはみ出た人を排除すべきではない。

保守とは謙虚さであり、他者の生き方すなわち多様性を認めることだからだ。

今、新型コロナが世界で猛威を振るっている。「飛躍の会」では全国一斉休校を受けて、すぐさま2回に分けて党と政府に提言をした。もっぱら子どもを持つ母親の立場からの提言である。

給食費の返還を求めるシングルマザー、テレワークの推進を求める働く母親、父親の休業を求めるキャリアウーマン、勉強の遅れを心配する専業主婦など、女性たちの様々なきめ細かな要求に対応できるのは女性政治家だ。

その声を聞きながら、女性が活躍することは、テレワーク、リモート教育、学び直し、再チャレンジを強力に推進するエンジンになり得ると確信した。

テレワークが推進すれば、男女とも子育てしながら働けるし、リモート教育が推進すれば都会と地方の教育格差は解消され、男女とも何度でも学び直して再チャレンジが可能となる。東京一極集中も改善される。

男性が良い大学を出て、大企業に勤め、毎日通勤電車に乗って会社に行き、母親が家で子育てし、働くとしても非正規という家庭のあり方や働き方自体が一八〇度変容するだろう。

将来性のない企業への支援は削減され、新たな分野へ挑戦する人々に大胆な支援をすることで、労働生産性は上がり、税収も伸びる。

女性も高齢者も仕事の質に応じて報酬が支払われ、性別・年令・性的指向にかかわらず公平に扱われる社会は全ての人が幸福を感じる社会だ。

伸びゆく社会保障費も将来世代との公平性、そして持続可能性の観点から分担をしていく必要がある。

今を生きる自分たちだけがよいのではなく、困難を抱える人々もそして将来世代も幸福を感じる国を創るために、日本の良きものは守りつつも大胆に社会を変革する必要がある。

そのキーワードは多様性・持続可能性・公平性、そしてそのキーを握るのは女性たち。

私たちの力で社会変革を起こし、日本の風景を変える！

Profile

稲田朋美

（いなだ・ともみ）

福井県今立郡今立町（現　越前市）生まれ。早稲田大学法学部卒業。

弁護士。百人斬り報道名誉毀損訴訟、靖国裁判などに携わる。

平成一七年、福井一区で衆議院議員に初当選し、現在五期目。

第二次安倍政権において行政改革担当大臣、自民党政調会長（二期）、防衛大臣等を歴任。

現在、自民党幹事長代行。初代自民党女性政策推進室長、自民党整備新幹線等鉄道調査会長。

自民党若手保守政策集団「伝統と創造の会」会長、自民党女性議員による「女性議員飛躍の会」共同代表。

著書に『百人斬り裁判から南京へ』（文春新書）など。

趣味は　ランニング

ホームページ

フェイスブック

新時代「ビヨンド・ゼロ」に向かって
世界をリードし、地球危機を救う日本の決断

佐藤ゆかり

Chapter 2

YUKARI SATO

今、そこにある危機「地球環境問題」

私は、「環境と成長の好循環」をこの日本で実現したい。日本の経済界の環境への関心が、最近、顕著に高まっているのも感じている。昨年11月末、日本経済団体連合会に、小泉進次郎環境大臣とともに私も出席し、経団連正副会長と有意義な懇談会を行った。その後間もない12月9日、経団連の中西宏明会長から、イノベーションで二酸化炭素（CO2）排出を実質ゼロ（ゼロ・エミッション）にするという経団連の「チャレンジ・ゼロ宣言」が発表された。私はこの舵切りをありがたく受け止めた。

実は、その約1か月後の今年1月16日、今度は米マイクロソフト社が、CO2の「削減・回収・除去」技術の開発に特化する10億ドルの基金を開設し、今後4年間にわたって資金提供する方針を発表した。これは、大気中のCO2回収に対する投資額としては過去最大級のもので、同社は2030年度までに、マイクロソフトとそのサプライチェーンで、45年前の会社設立以降累積したCO2の総排出量を超える総削減量、いわゆる「カーボン・ネガティブ」（CO2

のネット吸収）を実現するというのだ。

いまだ「ゼロ・エミッション」の宣言を発せずにいる各国や企業が多いなかで、日本の経済界が打ち出したゼロ・エミッションへの決意をはるかに超越する、マイクロソフト社のこの大胆な攻勢の意図は何か。世界企業の時価総額の上位ほとんどがプラットフォーマーやＩＴ企業で塗り替えられたいま、２０２０年こそが、マイクロソフトの攻勢を皮切りに、ＧＡＦＡ（Google, Apple, Facebook, Amazon の略）をはじめとするプラットフォーマーやＩＴ企業の参戦により、環境問題が本格的戦場となることに期待したい。彼らの資金力や行動力なら、いまや世界に大きなうねりをつくれるはずなのだ。

しかし何故、ソフトウェア会社のマイクロソフトが環境分野に乗り出したのか。後の「ビヨンド・ゼロ」の関連で触れるとしても、一部の科学者らの危機感の共有もあるだろう。科学者らは、あと10年もすれば、地球温暖化現象が臨界点に達し、海水温や海面の上昇が、豪雨災害や海岸線の陥没へ、森林火災の悪化がさらなるＣＯ２の大量放出と温暖化の加速へと悪循環を招き、気候変動が不可逆的にコントロール不能な状況に陥ると、警告している。天体の寿命はおよそ20億年程度と言われるが、地球の年齢は現在約46億年を迎える。天体生物の消滅には様々な不可逆的要素があるが、地球上の人類にとっても、こうした臨界点の到達を何としても回避することが共通命題だ。

実際、地球温暖化や海洋プラスチック問題など、近年深刻さを増す地球環境問題は、到底1国で解決できる問題ではない。パリ協定を採択した国連気候変動枠組条約締約国会議（COP）で、議決に加盟196か国の「全会一致」を原則とするのも、解決に世界中の国々と人々の協力が必要だからだ。行動する国々の背後でフリーライドが可能なら、誰もコスト負担を率先して取り組もうとはしなくなる。公共財としての地球環境の問題の難しさがここにある。

人類の豊かさと環境との緊張の歴史

2018年10月、私は、安倍内閣で総務副大臣（通信・郵政等担当）を拝命し、5G、IoT、AI（人工知能）などの先駆的通信・デジタル技術を活用したSociety5.0の実現に向けてさまざまな政策に取り組んだ。その経緯から、2019年9月環境副大臣（地球温暖化対策担当）の命を受けた時には、まさにデジタル技術による「環境と成長の好循環」づくりに水を得た役割を感じたものだ。

実際、地球がいま直面する環境問題は、人類が発展の歴史のなかで得た「豊かさや便利さ」の代償でもあり、ゴミやガスの累積が暴発寸前になって顕在化した問題とも捉えられる。近代社会の著名な経済学者らも、幾度となく警告を繰り返してきたこの環境問題について、まず、環境と人類の豊かさとの緊張の歴史から端的に追ってみたい。

18世紀末から19世紀初頭にかけて活躍した経済学者T・R・マルサスは、著書『人口論』で、人口の加速度的拡大に対し、一定規模でしか増加しない農業生産の限界を指摘し、世界は深刻な食糧不足と貧困に陥ると警告した。加速度的で無制限な人類の増加が、地球上の食糧を枯渇させ、土地を挽回不能なレベルにまで疲弊させる。マルサスは、人類が自然界のバランスを崩し、みずからの発展がみずからを困窮に導く姿を予言した先駆的人物だった。

その後、19世紀イギリスの産業革命では、石炭を中心とする化石燃料による発電や熱源供給をもとに、製造業が加速度的に発展し、20世紀には大量生産も拡大して、労働者の所得向上から分厚い中産階級が生まれることになる。そして高度成長期になり、環境汚染の産業公害や大量消費・大量廃棄による生活公害の時代が始まった。経済学者A・C・ピグーが、公害問題の外部不経済の解決には政府介入が必要だとして、炭素税などの環境税の導入を主張したのがこのころだ。だがこれに対し、産業組織論を唱えたR・コースは、公害問題を抱える当事者間でも、交渉により最適な資源配分が得られ、問題解決できるという、いわゆる「コースの定理」を確立した。そして同時代のノーベル経済学賞はコースにまわった。

それでも21世紀になると、環境問題は劇的に変化し、もはや当事者同士が特定できるような公害問題の領域を越えて、限りなく不特定多数の人々や企業、生物に広範な影響が及ぶ地球規模的問題へと進展した。化石燃料の需要抑制と温室効果ガスの排出削減を徹底するための新たな技術開発や環境投資に向けて、パラダイムシフトが不可欠となるなか、J・E・スティグリッツやW・D・ノードハウスが、再び炭素税の導入を唱えるピグー理論を復活させ、2001年と2018年には、彼らにノーベル経済学賞が贈られることになる。こうしてこの1世紀は、ノーベル賞の授与にも、経済と環境の狭間で揺らぐ世界の価値観が映し出されていった。

マルサスの警告以来、「豊かさや便利さ」の追求を原動力に経済発展を続けた世界は、21世紀には、中国、東南アジアの力強い経済成長に、東欧、中東、アフリカが加わり、人口の多い新興国を中心に、大量消費・大量廃棄がさらに拡大した。このままでは、もはや地球が不可逆的な破壊に向かうとする科学者らの切迫した警告に、人類は頭を悩ませる時代に発展した。

1990年代に、我々経済学の研究者が首を傾げて議論していたのは、アジアの新興国の力強い成長に対して、なぜ、東欧やアフリカで低成長が続くのかという経済学理論上のパラドックスであった。当時マクロ経済学の主流であったP・M・ローマーの成長理論では、世界全体の経済成長率は、発展途上国も含めて1つに収斂することが示されていたのであって、当時「低成長の罠」（非収斂）にあったアフリカの状態が未解決であることに、研究者の誰もが焦燥感を感じていた。しかし、2000年以降拡大した世界的IT革命の波が、これを一気に解決したのだ。

IT革命は、一瞬にして世界競争の土俵を塗り替えた。情報化技術は都市と農村、先進国と発展途上国との地理的格差や技術格差を縮めていった。特にインターネットは、東欧やアジア、アフリカも例外なく、それまで遠く離れて容易に把握のできなかった世界のあらゆる市場動向や政治・文化、あるいは人々の喜怒哀楽にいたるまで、情報を乗せて世界中を駆け巡った。IT革命の波が、安価で対称的な情報アクセスを可能にした結果、「不完全情報」や「情報コスト」といったミクロ経済学上の古典的問題が克服され、世界のあらゆる投資家や起業家たちによる投資資源の配分が、世界規模で最適化されることを可能にしたのだ。これが、東欧やアフリカの所得向上の機会を拡大し、2000年代以降、ローマーの予言による世界的「収斂」がいよいよ現実のものに近づいていった。

アフリカの世界経済への「収斂」は、格差解消や福祉向上という厚生経済学の観点からも、当時、我々研究者らが待ち望んだ軌跡である。一方、2000年代以降の世界的な経済成長が、世界各地で温室効果ガスの大量排出やプラスチックゴミの海洋流出といった環境問題を爆発的に拡大する引き金にもなっていった。

バイオエコノミーが「ビヨンド・ゼロ」を築く

この新たな世界状況で、持続可能（サステイナブル）な地球環境を維持するために、日本がいま採るべき戦略とは何か。「第4次産業革命」（5G、AI、IoT、ロボット等）の迅速な全面展開に加えて、これを「第5次産業革命」（バイオエコノミー）へと連動させ、「環境と成長の好循環」を導く技術革新の基盤を確立することだ。安倍総理が打ち出した「ビヨンド・ゼロ」（CO2ストックの削減）戦略も迅速に進めたい。人工光合成は、CO2からプラスチックを生成し、その過程でCO2のストックを吸収削減できる夢のような技術だ。私は冒頭で、大気中CO2の大量回収技術へのマイクロソフト社の投資宣言を紹介したが、これは今後、プラスチック原料としてのCO2の大量リサイクルが、大きなビジネスチャンスを生み出すとの投資判断によるものと考える。世界は、再生可能エネルギーによる「カーボン・ニュートラル」を超えて、着実に、「ビヨンド・ゼロ」（カーボン・ネガティブ）にチャレンジしている。日本は、人工光合成や次世代バイオなどのカーボンリサイクル技術開発をバイオエコノミーの中核に据え、「第5次産業革命」への世界競争の舵切りを率先するべきだ。

他にも、強靭なクモ糸繊維、塗料を代替するタマムシ発色体などの、CO2削減に寄与するバイオ由来の素材はすでに日本で開発されており、先端技術の迅速な商用化・量産化が必須だ。

気候変動への適応でも、環境変化に耐性の強い農作物の開発やICT管理による陸上養殖の推進などが急がれる。これらの開発・量産化には、DNA解析やゲノム編集のAI駆動による低コスト化が不可欠だ。デジタル技術がバイオエコノミーを強力に牽引し、バイオエコノミーが環境負荷を軽減する。この「ビヨンド・ゼロ」に向けた戦略的司令塔の早期確立が必要だ。

地球温暖化問題に世界はいま

ところで、国連のA・グテーレス事務総長は、昨年12月マドリードで開催された国連気候変動枠組条約締約国会議（COP25）の開会式の挨拶で、重要なのはマルチラテラリズム（多国間主義）であり、地球温暖化抑制のための多国間の取り決め次第では、10年後に地球が不可逆的かつ重大な岐路に立つと訴えた。実際、地球環境問題への対応は、1国たりとも欠かさない国際的枠組みのなかで各国協調を深める必要がある。

しかし、地球環境問題は、しばしば「囚人のジレンマ」（ゲーム理論）の典型例として引き合いに出されてきたように、CO2排出削減の目標引き上げをA国が公約すれば、B国も必ず公約し実行するという相互信頼がなければ交渉は成立しない。仮にA国の努力にB国が忠実でなく、フリーライドができるなら、C国もD国も皆、自国利益を優先し、引き上げの締約は虚しく失敗に終わってしまう。アメリカのトランプ大統領による2020年11月のパリ協定離脱宣言は、各国協調の成立の前提となる「全会一致」原則の継続性を脆弱化する危険な動きなのだ。

さて、COP25には日本を代表して小泉進次郎環境大臣が出席し、各国合意形成のため計36回ものバイ会談を行い、まさに精力的に会議の調整役を担った。しかし、石炭火力発電に世界の注目が集まるなかで、調整成果がかき消された感があるのは残念だった。他方これに先立ち、2019年11月に世界経済フォーラムのB・ブレンデ総裁が来日し、小泉大臣と会談を行った際には、ブレンデ氏は、今年1月の世界経済フォーラム（ダボス会議）で経済の持続可能性と気候変動問題を議題にする旨を宣言した。すると小泉大臣は、ダボスの環境モメンタムを継続するため、是非とも「CEダボス」[※1]を創設し、初回会合を2020年に日本で開催したいと応じた。創設から今年の日本開催まで、その場で快諾を表明したブレンデ氏の心意気と小泉大臣のやりとりには、副大臣として同席していた私も含め、大臣室の皆が称賛に沸きあがった。

巨大災害が人類に挑戦する

地球温暖化問題がこれほどの世界問題として脚光を浴びるようになったのは、この数年、世界各地で顕著に増加した「メガ級災害」の発生だ。2019年9月頃に始まったオーストラリアの森林火災は、年が明けても鎮火のめどが立たず、１月上旬までの数週間で日本の国土面積の半分近くに達する１０００万ヘクタール以上の総面積が焼失され、大気中に放出されたＣＯ２は約４億トンに上った。また、10億匹以上の生物が焼死したとの推計もある。焼失面積では、２０１９年のアマゾン森林火災の６９０万ヘクタールを遥かに上回り、カリフォルニア州史上最悪となった２０１８年森林火災のほぼ13倍、ＣＯ２放出量もこの時の９倍に上る。実は、オーストラリアのメガ級森林火災は、２０１１年、２０１２年にも発生し、日本の年間ＣＯ２排出量（当時約13億トン）にほぼ匹敵する12億トン超ものＣＯ２が合わせてこの２回で放出されている。地球温暖化により、気温上昇や降雨量の減少が樹木や土壌を乾燥させ、火災が発生すると木々が燃料と化して火災がさらに拡大し、ＣＯ２が大量放出されて、気候変動が一層加速するという、まさに「負の連鎖反応」が起きているのだ。

転じて日本国内でも、地球温暖化による海水温の上昇で巨大化する台風や豪雨の大規模風水害は年々深刻さを増してきた。２０１８年、日本列島を襲った西日本大豪雨と台風21号は、被災地域の住民生活や企業活動に甚大な被害をもたらし、私の地元枚方《ひらかた》市や交野《かたの》市も例外ではない。そして、２０１９年に上陸した房総半島台風（15号）・東日本台風（19号）、記録的大雨をもたらした21号では、関東地方周辺から東北地方南部まで、河川氾濫、堤防越水・決壊、１ｍ

超の浸水、建物倒壊、土砂崩れなど、甚大な被害がさらに広域化した。

災害の影響はもはや被災者だけにとどまらない。巨大自然災害による損害保険会社の国内火災保険金支払額（水害を含む）は、２０１８年に西日本大豪雨、台風21号、24号で約１・６兆円に膨らみ、２０１９年も巨大台風15号・19号と豪雨災害の21号で最終的に１兆円を超えると予想されている。実は東日本大震災以降、火災保険金の国内年間支払額は、発災前10年間の年平均７０００~８０００億円から毎年１兆円超に増えて常態化している。その結果、国内損保の再保険を引き受けるロイズなどの世界的保険会社も、日本向け再保険料を引き上げ、国内損保も企業や家庭向け火災保険料を引き上げざるを得ない事態になっている。

金融機関でも、金融システム安定化の観点から、将来的災害により施設・機械装置などが被る担保価値への毀損リスクをより厳格に精査し、貸倒引当金の積み増し、自己資本比率の引き上げ、貸出上限の減額、金利引き上げなどの防衛策に繋がる可能性はあり得る。実際、欧州中央銀行（ＥＣＢ）のラガルド総裁は、今年初め、気候変動が生み出す銀行決済へのシステミック・リスクについて、すでにモニタリングを開始しており、これをＥＵ域内銀行の気候変動リスクへの耐久性評価に繋げる方針を発表している。

将来的災害リスクを金融業界全体が織り込む結果、現在被災していない契約者の条件まで一斉に跳ね上がる。巨大災害の常態化は、不特定多数の人や企業の信用リスクをマクロ経済全体として引き上げ、信用収縮を招いて、国の潜在成長率を引き下げる莫大な影響を及ぼすのだ。

一方、巨大災害の頻発により、災害廃棄物の迅速処理も緊急性を増す。環境省では、2018年の西日本大豪雨、2019年の巨大台風15号・19号や豪雨災害の21号による被災地での膨大な量の災害廃棄物が、最終処分までに平均2年近くはかかると推定する。さらに今後、巨大災害が連続すれば、災害廃棄物が即時処理能力を超え、日本列島各地に累積する懸念もち上がる。災害時には、一般廃棄物と特別管理廃棄物（有害物質等を含む）が混濁した状態での一括処理を可能とする、強靭で安全な廃棄物処理技術の開発も急務だろう。

気象庁の観測データによれば、昨年9月以降、巨大台風15号・19号が日本に上陸をする前の日本近海の海面温度は30℃と極めて高かった。高温化した海水から発生する大量の水蒸気が、北上する台風にエネルギーを与え、大型化して日本に猛烈な雨を降らす。たしかに、産業革命以降この100年間で上昇した地球の平均気温は1℃であり、パリ協定では、今後この上昇を2℃以内に抑え、先進国でさらに1・5℃以内に抑える努力目標を採択している。だが、温室効果ガスの排出量や、温暖化の速度、被害の過酷さには地域格差もある。例えば大阪では、1910年代に15・2℃であった年間平均気温は、2010年代に17・1℃まで上昇し、同じ対象期間の8月の平均気温で比べると、27・0℃から29・3℃まで2℃以上も上昇し（気象庁データ）、同じ100年間の世界平均気温の上昇幅をすでに超えているのだ。各自治体による地域に応じた気候危機への警戒や、緩和と適応への工夫と戦略がもはや不可欠だ。

温室効果ガス削減に挑むパリ協定

地球温暖化を牽引する温室効果ガスは、主にCO2、メタン、フロンなどだが、CO2より数百倍から数万倍の温室効果がある代替フロン（HFC）は、日本では法令上厳重管理を義務付けているものの、新興国では対策が遅れ、排出量の報告のない国もある。このため、エネルギー起源CO2の排出量に絞って状況確認すると、2018年の世界のCO2総排出量は約336・9億トンCO2（以下トン）。この中で最も多い排出国が中国であり、約94・2億トン（世界シェア約28％）、2位がアメリカの約50・2億トン、3位がインドの約24・8億トン。日本は11・5億トンで第5位だ。

しかし、これらの国々を人口1人当たり年間排出量で並べ替えると、世界平均の4・41トンCO2（以下トン）に対して、アメリカ15・34トン、日本9・04トン、中国6・60トン、インド1・83トンと、アメリカ、日本が突出する（図1参照）。しかし、より重要な、経済規模に照らしたCO2排出効率を示す実質GDPあたりCO2排出量では、世界平均の0・41キロCO2（以下キロ）に対して、日本0・25キロ、アメリカ0・26キロ、中国0・70キロ、インド0・93キロとなり、日本、アメリカが効率の高い国となる（図2参照）。

日本はパリ協定で、2030年までに2013年比26％の温室効果ガス排出削減を世界に約束している。しかし、この目標達成に向けた2018年末時点の累積削減量は11・8％であり、達成への道のりは険しい。実は、CO2を大量排出する工業部門（金属、機械、化学、等）は、地球温暖化対策推進法（温対法）や省エネルギー法（省エネ法）による報告義務のもとで既に削減を続けており、工業部門でのさらなる削減余地は逓減している。したがって、今後の削減モメンタムには、2030年までに40％の削減が求められる家庭部門とオフィス等の業務部門の努力が欠かせないのだ。

日本人には清浄な水や空気は当たり前の賜物であって、残念ながら、災害時などを除けば、水や空気のことを日常生活のなかで意識する人は少ない。日頃、国や自治体が環境対策をしていればよいといった認識だが、国や自治体は環境基準を作り、啓蒙活動は進められても、それを実行に移し結果を生み出すかは、あらゆる国民、企業、自治体などが行動するか否かの決断次第だ。パリ協定の2030年排出削減目標に向けて、今後10年間、あらゆるプレーヤーがこ

図1　1人当たりCO_2排出量（2018年）

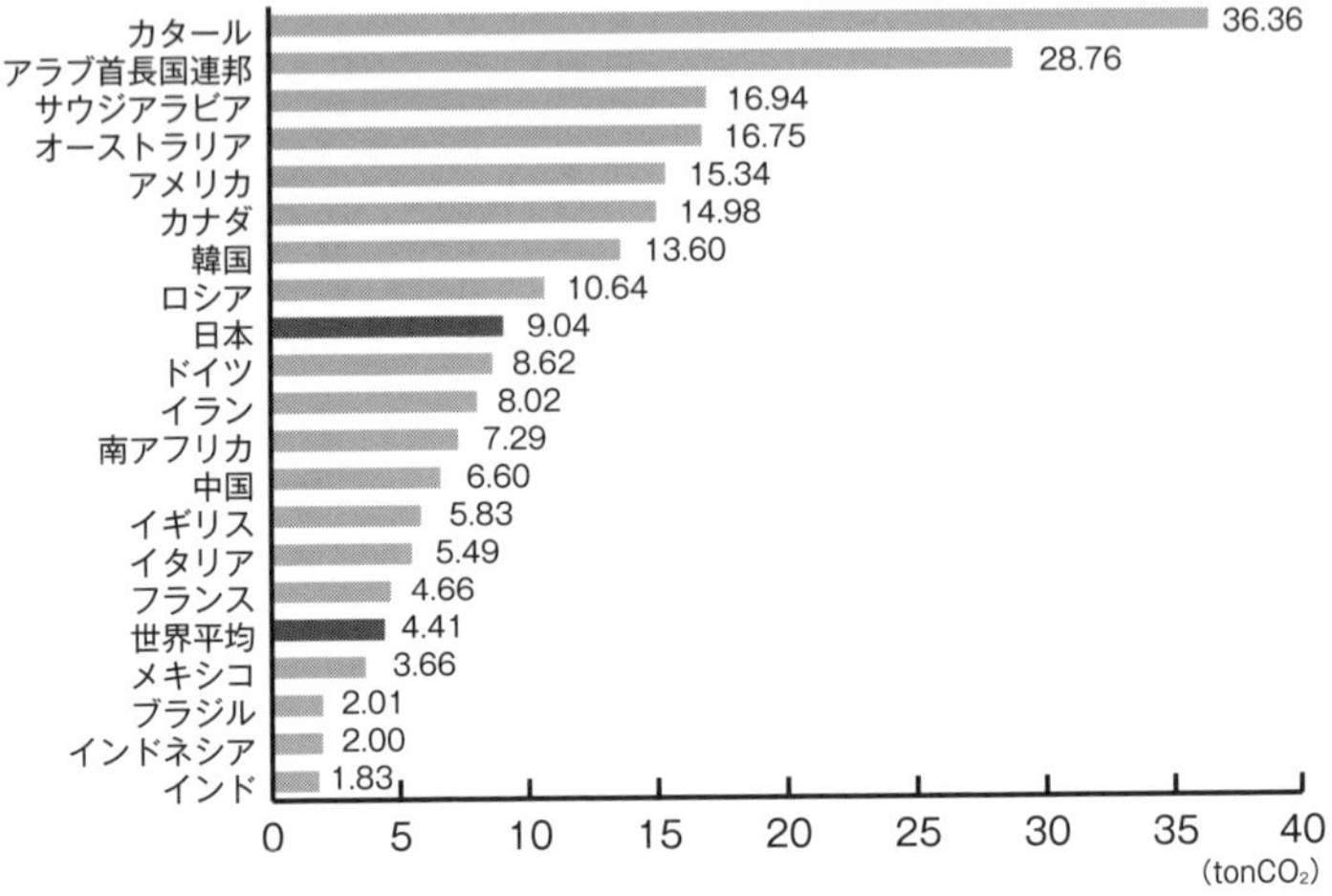

図2　実質GDP当たりCO_2排出量（2018年）

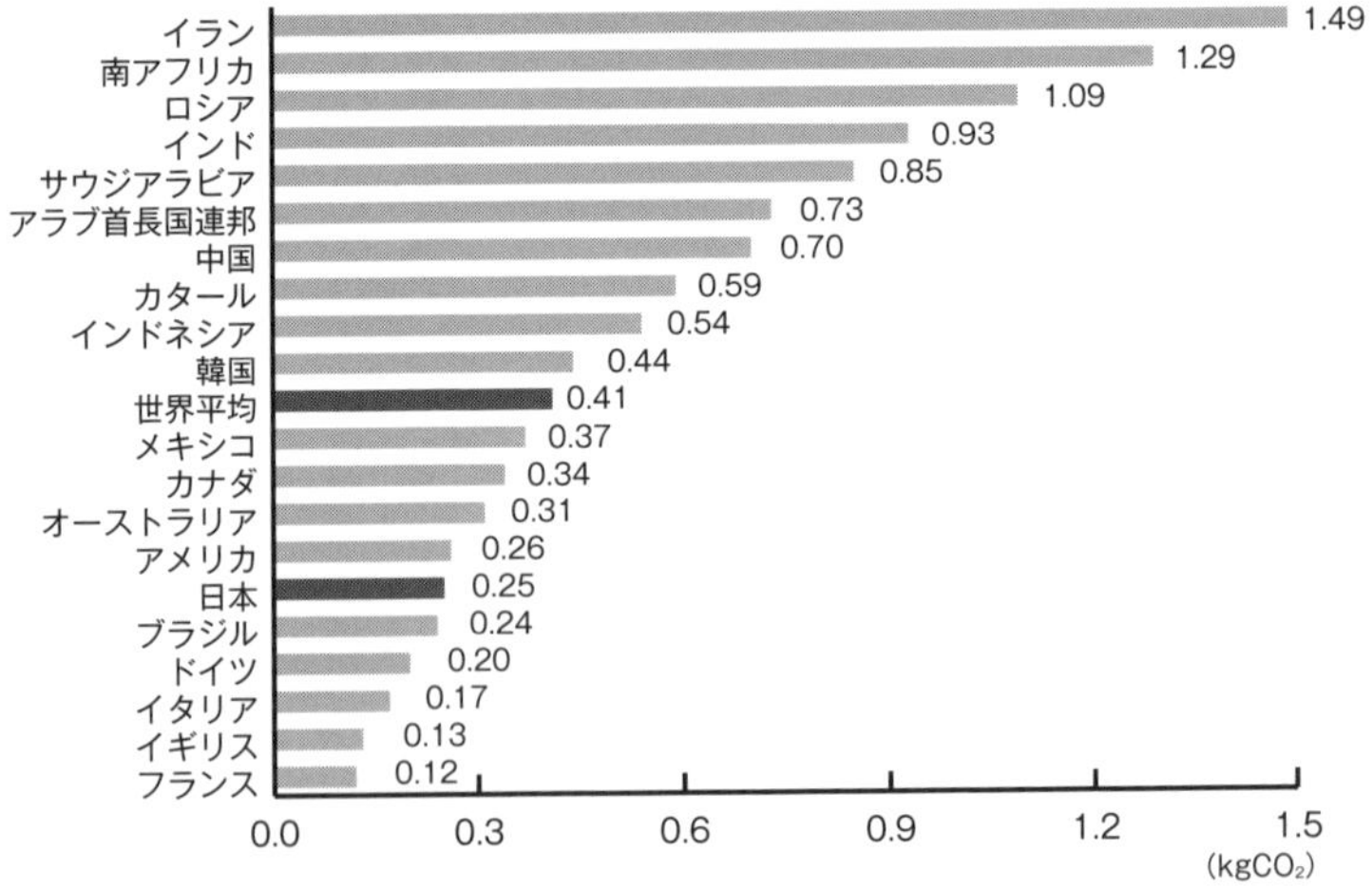

※CO2 排出量はエネルギー排出量。実質 GDP は 2015 年物価と対米ドル為替レートで米ドル換算したデータ。
出所：2018 年ＢＰ（CO_2 排出量）、国連人口統計（人口データ）、国連統計（実質 GDP）をもとに佐藤ゆかり事務所作成。

の目標達成にベクトルを合わせ、ALL JAPANの国民運動にして行くことが迫られている。

「眠る」現預金を環境投資で起こせ

繰り返しになるが、地球環境は公共財であるから、環境対策を経済的インセンティブなしに、みずから率先して進める人は少ない。また、対策にかかる費用や手間に企業が消極的なら、意識ある個人は、なおさら個々の努力に無力感を抱くだろう。しかし、やや長期的視野に立てば、気候変動に「適応」するための設備投資は、事業への気候リスクを低減させるＢＣＰ（事業継続性プログラム）の重要な柱となり、ＣＯ２排出を削減するグリーン投資は、社会貢献としても企業ブランドを向上させ投資家評価を上げるなど、いずれも期待収益率を上げる投資戦略になることに気づくだろう。融資や保険契約に災害リスクプレミアムが課される今後の経営環境を想定すれば、こうした長期スパンのリスク対策はなおさら重要になる。適応投資やグリーン投資が、多かれ少なかれあらゆる企業で今後行われれば、新たな環境ビジネス・産業へと企業のヒト・モノ・カネの円滑な流れが始まり、「環境と成長の好循環」も本格化する。

たしかに、企業の分厚い内部留保の一部は、M&A資金や配当原資、固定資産などに活用されており、全ては新規の投資資金にまわせない。しかし、２０１８年度は金融・保険を除く全産業の内部留保（利益剰余金）が約463兆円に上り、少なくともゼロ金利で「眠る」現預金が約223兆円もあった。この1割だけでも環境投資にまわすなら、約20兆円もの莫大な資金が環境と成長の「働く」原資になる。

私は、「環境と成長の好循環」を促す観点では、経済原理に即した環境政策の推進が重要と考えている。このためには、環境投資で実現した温室効果ガスの削減量などの見えない「環境価値」を、きちんと「経済価値」（金銭価値）に置き換えて、可視化し、財務諸表に算入し、経済に内部化して資金循環を起こし、経済全体にまわしていく、この市場メカニズムの徹底的な整備がカギを握ると考える。「Jクレジット制度」（自主的な排出量取引市場）は、この市場メカニズムのカギのひとつであり、まずはこの制度を一連のデジタル化で抜本強化することが、私の副大臣室プロジェクトの1つだ。当たり前のことだが、政策推進には、予算や制度で、新たな環境ビジネスや産業を生み出すアイデアや技術の創出を支援し、そこへヒト・モノ・カネが流れる資源移動のルートと受け皿を〝耕しておく〟作業が欠かせない。この事前作業を行ってからならば、経済界が懸念するカーボンプライシング※2（炭素税等）についても、創られた新たな受け皿への資源移動の手段として、より向き合う議論になるだろう。税の議論は、打つ手の順番を間違えるとことさら難しくなるため、組み立てが大事だと考えている。

「私ならではのグリーン投資」へ

環境投資を、家庭や中小企業を巻き込むALL JAPANの国民運動にするには、「誰かが行う環境対応」という意識から、「私ならではのグリーン投資」と考える、全国津々浦々での意識変革が必要だ。しかし、グリーンなこととSociety5.0のイメージを混濁してはならない。Society5.0も、間違えれば、相当な電力量を貪《むさぼ》る「AI・センサー社会」になりかねないからだ。「夜7時までに部屋を暖めておいて。」と腕時計のＳｉｒｉに伝えるだけで、時間に合わせてコージェネレーション（エネファーム等）で温めたお湯が床暖房を温めてくれる。冷蔵庫のセンサーが空の野菜ラックを感知すると、野菜の自動発注を受けたアマゾンや楽天などのネット通販が、ＬＥＤ電球の光合成で水耕栽培したレタスやトマトを、自動運転の燃料電池車に乗せて、宅配ボックスに届けてくれる。これは、５Ｇ、ＡＩ、ＩｏＴなどのデジタルネットワークで繋がった「クリーン×快適」なSociety5.0の生活イメージだ。この新たなSociety5.0の社会を有効に動かすには、「人間中心のＡＩ原則」と非連続的な省エネ技術の革新が必須になる。

クリーンエネルギーの駆動で耐熱性の高い、ゼロ・エミッションハウス（ＺＥＨ）、ビル（ＺＥＢ）、マンション（ＺＥＭ）は、温室効果ガスの排出をネットゼロにする建築技術として、環境省や経産省で導入補助を行っている。しかし、まだ割高なゼロ・エミッションのハウスやビルを建築する、CO2削減に前向きな家庭や企業にとって、彼らの財布が少しでも〝報われる〟投資コストの回収ができるなら、さらに追い風になるはずだ。そこで例えば、ゼロ・エミッションハウス（ZEH）を建築して実現した「環境価値」を、「経済価値」（クレジット）に換算し、クレジット購入を希望する企業とマッチさせ、容易に売買決済が行えるよう、前述のJクレジット制度をデジタル化で再構築する。このように私が副大臣室で進めてきたデジタル技術の有効活用による2つのプロジェクトについて、これから紹介したい。

(1)「気候変動×デジタル」＝いつでも、どこでも、誰でも化するJクレジット

皆さんのなかに、「Jクレジット制度」を知る方はどの位おられるだろうか。Jクレジット制度とは、クリーンエネルギーへの転換や省エネ設備の導入、森林吸収の促進などによる温室効果ガスの排出削減量や吸収量を「環境価値」として国が認証し、「経済価値」（クレジット）に換算して、購入したい企業などに売買する自主的な国内排出量取引市場のことだ。環境投資を促進するために、2013年度から経済産業省・環境省・農林水産省により共同運営され、現在、クレジットは、CO2排出削減量1トンあたり約2000円程度で取り引きされている。

しかし、多くの人たちにとり、CO2排出削減による「環境価値」は、簿外の〝隠れ財産〟

であって、それを有効活用できるＪクレジット制度に対する認識は少ない。太陽光パネルの購入者は、ＦＩＴ制度により余剰電力が売電可能なことを誰もが知っているが、その太陽光発電で実現したＣＯ２削減量も売買可能な「経済価値」になることを知る人が少ないのだ。家庭や中小企業の太陽光発電で生まれたＣＯ２削減量の「経済価値」（クレジット）をいつでも売却でき、その売却益を僅かながらでも、家庭なら消費、レジャー、中小企業ならさらなる投資などへとまわせる誰にも容易なシステムに、Ｊクレジット市場を抜本的に再構築する。

通常、Ｊクレジットの使い方はこうだ。企業が例えば省エネボイラーを導入し、ＣＯ２排出を削減した時、削減量に応じたクレジットを事務局に申請、審査機関は削減量を査定し、国が認証したクレジットをこの企業に発行する。クレジットはこの企業のアカウントで保管され、売りに出せば、温対法や省エネ法によりＣＯ２削減量の報告義務のある他の企業や、グリーン経営の推進で資金調達や投資家評価を向上させたい企業がクレジットを購入する。購入企業は、他者の削減努力を買いとり、みずからの削減として帳簿に載せる形だが、クレジット売却企業も、省エネボイラーでランニングコストが削減できるだけでなく、クレジットの売却益をボイラーのコスト回収や再投資にまわせるのがメリットだ。

このようなＪクレジット制度は、クレジット売買を通じて新たな資金循環を生み出す優れた

図3　Jクレジット取引による資金循環
〈環境と成長の好循環〉

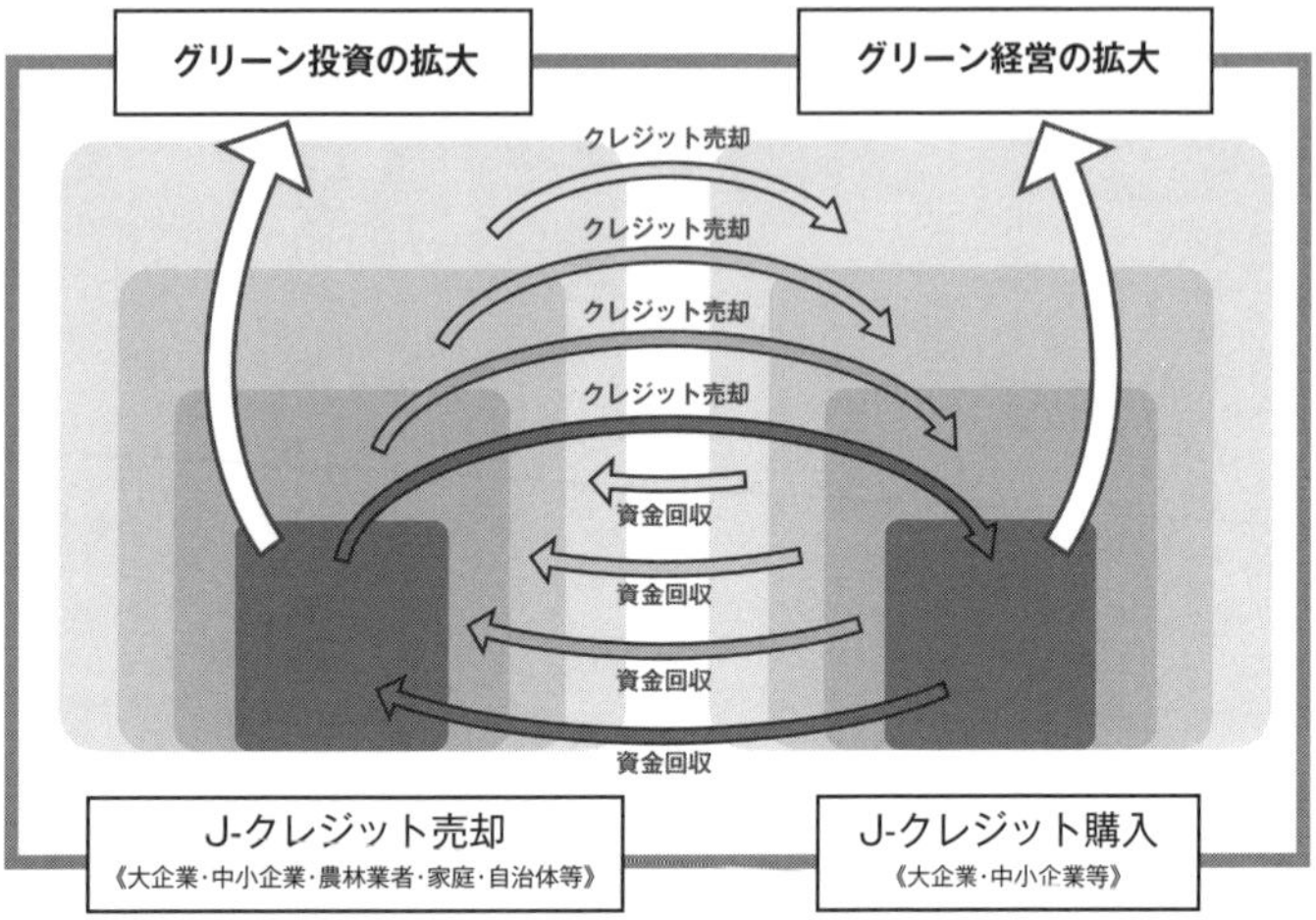

出所：佐藤ゆかり事務所作成。

制度（図3参照）だが、しかしまだ改善点も多い。

まず、導入機器の認定や事務手続きが極めてアナログかつ煩雑なため活用しにくい。クレジット申請者は、クレジットの適正な認証取得のために、導入機器による排出削減量を常時モニタリングし、機器のエネルギー効率を証明する必要がある。さらに、認証のためには、クレジット申請者とアカウント登録者の印鑑照合などの古めかしい手続きがあり、毎回、書類郵送による印影確認が必要だ。

いかにも日本的な手続きだが、企業の深刻な人手不足を前に、これでは普及は進まない。このプロジェクトでは、導入機器の常時モニタリング、排出削減量のクレジット換算・申請・認証からアカウント保管・売買取引まで、これら一連のプロセスをデジタル化で無人化し、自動プロセス化する。このため、利用者の導入機器からJクレジット事務局へ、必要データを自動送信するIoTの連携システムを構築する。また家庭でも、CO2削減量の日頃の確認から、クレジットの換算・認証・売買まで、全てがスマートフォン1つで操作可能なアプリなどを開発し、ポイント還元の感覚でご家庭の主婦にも参加いただけるような制度構築を検討する。

このプロジェクトでは、Jクレジット制度を、いつでもどこでも誰でも使える「ALL JAPAN × REAL TIME」の全員参加型制度へと再構築するが、技術的にこれを可能にするのが、データ改ざんに対するセキュリティーやトラッキング性が高く、クレジットの二重計上の防止にも強い、ブロックチェーン技術だ。「分散型管理」と「セキュリティー」の両面に優れたこの技術は、Jクレジット制度の自動プロセス化、効率化、全国展開に最適の技術だろう。ブロックチェーンやIoTなどのデジタル技術の導入による、Jクレジット制度の抜本的強化とその全国展開について、令和2年度政府成長戦略に盛り込み、実証に向けて環境省の令和3年度予算要求に反映したいと考えている。

(2)「資源循環×デジタル」＝リチウムイオン電池を国内循環で守れ

２０１９年、リチウムイオン電池を開発した吉野彰博士ら3名にノーベル化学賞が贈られた。リチウムイオン電池は、地球環境に優しく、パソコン、携帯電話、電動車いす、ＥＶ車、ロボット、再エネルギー、人工衛星など幅広い分野で使われ、文字通り我々の生活を大きく変えた。いまや人間社会に不可欠な蓄電池だが、しかし、その将来を警告する向きもある。なかでもリチウムイオン電池に使われるレアメタルのコバルトは、ＥＶ車市場の拡大で、２０２５年には需給が逼迫する恐れが指摘されている。同様に、リチウム価格も、足元は軟化傾向にあるものの、需要の急拡大からこの10年間で10倍以上に高騰した。今後、あらゆる分野での環境投資や無人化・自動化投資の拡大によって、リチウムイオン電池の需要拡大もさらに爆発的になるはずだ。

リチウムは、塩湖のかん水生産の方が、鉱石から抽出するよりも低コストで生産でき、電池生産に使う炭酸リチウムの8割は、現在、リチウム・トライアングルと呼ばれる南米3か国（ボリビア、チリ、アルゼンチン）の塩湖由来のかん水で生産されている。ボリビアのウユニ湖で、ドイツと中国による採掘権の激しい争奪戦になったのもこのためだ。一方、リチウムの世界需要は、今後ガソリン車からハイブリッド車、ＥＶ車への転換が急速に進むとの予想のもとで、２０２０年の約25～30万トンから２０２５年には50～１００万トンへ急増するという業界分析もある（炭酸リチウム換算。Roskill, UBS）。こうした世界需要に対する供給を安定化させるには、鉱石リチウムや豊富な海水リチウムの安価な抽出技術の確立が喫緊の課題だ。

また、リチウムイオン電池に使われるコバルトやニッケルなどのレアメタルは、さらに激しい争奪戦に見舞われており、コンゴ民主共和国のコバルト採掘現場で児童労働が横行するなど、世界需要の貪りが人権侵害を助長しているとの批判も上がっている。

今後は、リチウムイオン電池の安定供給において、使用済み電池の確保によるレアメタルのリサイクルも重要戦略だ。中国でのEV車の爆発的普及とともに今後廃棄も膨大な増加が予想される使用済みリチウムイオン電池の調達を睨み、すでに昨年から、丸紅や伊藤忠などの日本の商社が中国企業と資本提携を始めた。たしかに、日本国内でも、自動車業界に車載リチウムイオン電池の回収制度はあるが、他の産業で電池の回収・再利用・リサイクルといった体系的動きはまだ少ない。経済安全保障にもかかわるレアメタルや蓄電池の安易な国外流出を防ぎ、国内資源循環を確実にしていくための包括的な国内中古・リサイクル市場の創設が急がれる。

EV車に搭載するリチウムイオン電池の寿命は、8～10年というのが標準的見方だ。しかし、使用後、家庭用蓄電池にまわせば、新品の6～8割程度の蓄電力を残すため、再利用でさらに5～10年程度は使える。環境省でも、リチウムイオン電池の再利用促進のため、トヨタのプリウスの使用済み電池をカンボジアのトゥクトゥク（タクシー）に搭載し走行する再利用事業を補助している。昨年、私もカンボジア出張時に、カンボジアの環境大臣とアンコールワット周辺を試乗したが、極めてスムーズに走行した。代替交通として国内で進める高齢者や観光向け低速電動車（スローモビリティ、時速20㎞）においても、使用済み電池の再利用が促進のカギを握る。

携帯電話やタブレットなどのモバイル機器に搭載したリチウムイオン電池も、回収・再利用・リサイクルの重要分野だ。２０１９年10月の改正電気通信事業法の施行で、携帯電話の通信料金と端末代金の完全分離が行われ、さらに競争強化のため、昨年11月のガイドライン改正で、中古端末も含めてＳＩＭロック解除の即時化・無料化が義務化された。ＳＩＭロック解除で、周波数さえ合えば携帯端末にかかわらず、通信事業者が自由に選択可能になる。しかし、中古端末の修理・再整備にも、新品電池などの部材が通信事業者の囲い込みなく、外部の登録修理業者に自由に流通しなければ、中古・リサイクル市場が不完全競争になる。

また、使用済み電池や部材の情報の適正な管理と開示の仕組みも、透明性ある中古市場の価格形成には欠かせない。多様な機器から取り出した使用済みリチウムイオン電池の製造年月・番号、仕様、使用機器、摩耗度、レアメタルの純度、抽出方法などを個体ごとに情報管理し、再利用先機器の適合情報などと合致できる情報ネットワークの構築など、中古市場インフラの抜本的な整備が必要だ。この点でも、ブロックチェーン技術によるビッグデータの分散型管理は有効な選択肢となるだろう。まずは豊富なリチウムイオン電池を中心に国内中古・リサイクル市場を確立し、市場の効率性を上げることが重要だ。その上で、タングステン、パナジウム、チタン、プラチナなどの他のレアメタルへの活用拡大も図れるだろう。

グリーン・ファイナンスが地方創生を担う

「環境と成長の好循環」にもう1つ重要な柱は、ファイナンスだ。ESG投資・ESG金融は、環境（environment）・社会（social）・企業統治（governance）という非財務要件への貢献を考慮した投融資だが、近年、温室効果ガス削減のためのグリーン投資や、気候変動リスクに対する適応投資の拡大を後押しする金融界の動きが広がっている。実際、世界のESG投資残高は2016年の約23兆米ドルから2018年は約31兆米ドルへと34%拡大し、グリーンボンド（環境用途の債券）の発行残高もこの間50倍に達した。日本でも、ESG投資残高が2016年の約0・5兆米ドル（約55兆円、世界シェア約2%）から2018年には約2・1兆米ドル（約230兆円、同シェア約7%）へと4・2倍に急増している（図4参照）。

なかでも日本のグリーンボンドは、金融、再エネ、航空、鉄道、造船、建設、小売からシン

図4　最近2年間のESG市場の拡大

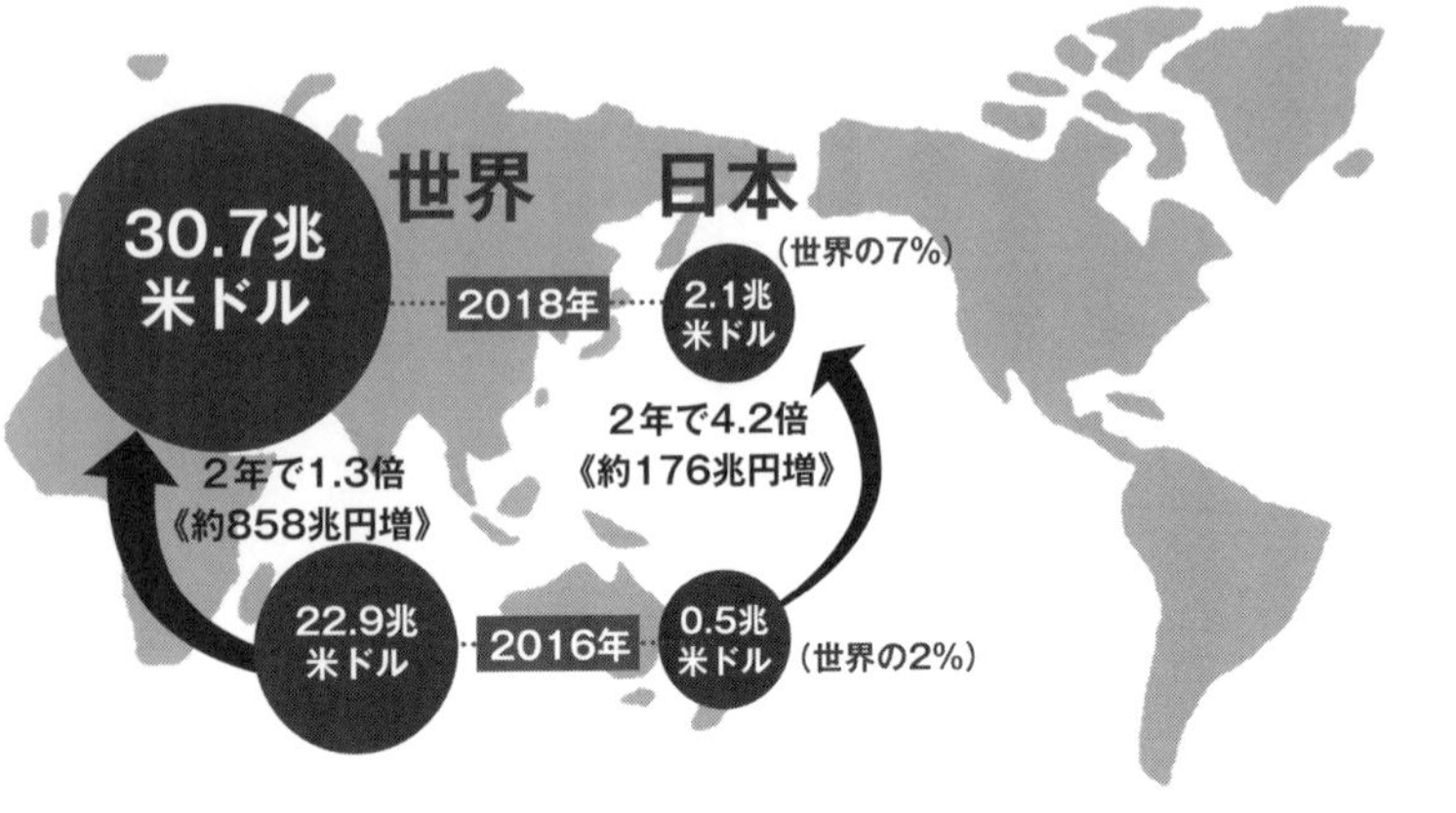

出所：NPO法人日本サステナブル投資フォーラム及び環境省資料より佐藤ゆかり事務所作成。

クタンク、地方自治体に至るまで、現在、多くの発行体が資金調達に活用している。東京都は、オリンピック・パラリンピック関連施設の環境対策、スマートエネルギー都市創り、気候変動適応のための河川整備や公園緑化事業等で既に300億円以上のグリーンボンドを発行する一方、民間でも、省エネ車両の新造設、浮体式洋上風力発電やグリーンビルの建設、EV車用モーターやインバータの量産設備の導入など、多様な環境用途に使われている。

しかし、ここにも課題はある。今後のグリーンボンド市場の健全な発展には、発行条件の基準の統一や調達後のモニタリングが不可欠だ。イギリスのCBI（気候債券イニシアチブ）が策定するグリーンボンド発行基準CBS

(Climate Bonds Standard) では、調達資金の95％以上が環境用途であることや、起債時の第三者評価（セカンドオピニオン）が求められる。他にも、EUや日本の基準を含め、世界各国にグリーンボンドの発行基準はあるが、なかには調達資金の環境用途割合が50％以上と低く、高効率火力発電所の建設や化石燃料の火力発電所の改良工事も用途に含む中国版グリーンボンド・ガイドラインなどもある。だが、中国政府保証付きの高い債券格付のもとで、近年中国のグリーンボンド発行額は世界1位、2位を争っているのが実状だ。適切な環境投資へ資金流入を促進するには、より厳格な世界的発行基準への統一が課題となる。

一方、グリーンローンの代表例には、2019年3月、三菱UFJ銀行をアレンジャーに、地銀等を含む9行で締結した日本郵船に対する90億円のシンジケートローンなどがある。これは、船舶のエンジン排気ガスから、SOx（硫黄酸化物）排出量を削減するスクラバーを搭載するための環境投資資金だ。今後、各地域での環境投資案件においても、地方金融機関が核となり、メガバンクとの協調融資またはシンジケートローンの組成で連携拡大ができるなら、グリーンローンを軸に、都市の潤沢な資金を地方に引き込む地方創生のチャンネルもできる。

さらに、環境投資から実現した温室効果ガス排出削減の「環境価値」を、Jクレジット市場で定期的に売却する相手先として、都市の複数のグリーン経営企業と売買契約などのパートナーシップを組めるなら、売却益が着実に地方に還元され、環境が地方創生を後押しする資金循環の2つめのルートとなる。加えて、グリーンボンドの発行条件の設定や、調達資金がグリーン用途に使われているかどうかのモニタリングなどに、Jクレジット制度で管理するエネルギー効率や排出量のモニタリングデータを金融機関等が有効活用すれば、グリーンボンド市場もより客観的・効率的な市場運営に発展する。こうして、さらに質の高くダイナミックな市場へと、グリーン・ファイナンスに弾みがついていくはずだ。

おわりに

２０５０年までに１００％再生可能エネルギー電力の使用をめざす企業が集まる国際的なイニシアティブ「ＲＥ１００」(Renewable Energy100) がある。「ＲＥ１００」に参加する日本の企業数は世界第3位だが、２０２０年2月末時点でこれがさらに増えて32社となった（表1参照）。今年はこれらの日本企業の代表分野で、我々のライフスタイルを劇的に変革するような、画期的なグリーン・イニシアティブが採択され、マイクロソフト社の「カーボン・ネガティブ」宣言に勝るとも劣らず、世界をあっと驚かせてくれることに期待したい。そのためには、できる限りの政策的支援も考えたいと思う。

表1「RE100」参加日本企業32社（2020年2月末）

No.	発表年月	企業名	No.	発表年月	企業名
1	2017.4	株式会社リコー	17	2019.2	株式会社野村総合研究所
2	2017.10	積水ハウス株式会社	18	2019.4	東急不動産株式会社
3	2017.11	アスクル株式会社	19	2019.4	富士フイルムホールディングス株式会社
4	2018.3	大和ハウス工業株式会社	20	2019.7	アセットマネジメントOne株式会社
5	2018.3	ワタミ株式会社	21	2019.8	第一生命保険株式会社
6	2018.3	イオン株式会社	22	2019.8	パナソニック株式会社
7	2018.5	城南信用金庫	23	2019.9	旭化成ホームズ株式会社
8	2018.7	株式会社丸井グループ	24	2019.9	株式会社高島屋
9	2018.7	株式会社エンビプロ・ホールディングス	25	2019.10	株式会社フジクラ
10	2018.7	富士通株式会社	26	2019.10	東急電鉄株式会社
11	2018.9	ソニー株式会社	27	2019.11	ヒューリック株式会社
12	2018.9	芙蓉総合リース株式会社	28	2019.11	株式会社LIXILグループ
13	2018.10	生活協同組合コープさっぽろ	29	2019.12	楽天株式会社
14	2019.1	戸田建設株式会社	30	2019.12	株式会社安藤・間
15	2019.2	コニカミノルタ株式会社	31	2020.2	三菱地所株式会社
16	2019.2	大東建託株式会社	32	2020.2	三井不動産株式会社

出所：サステナ株式会社データより佐藤ゆかり事務所作成。

※１ＣＥ（サーキュラー・エコノミー、Circular Economy）とは、資源利用の「削減」（Reduce）、「再使用」（Reuse）、「再資源化」（Recycle）の「３Ｒ」の概念をもとに環境配慮型の製品・工場設計を行い、環境負荷を削減しながら経済成長につなげる循環型経済のこと。

※２カーボンプライシングとは、炭素税や排出量取引により炭素に価格を付けること。これによりＣＯ２の排出削減に対する経済的インセンティブを創出し、気候変動への対応を促すことをめざす。

Profile

佐藤ゆかり

（さとう・ゆかり）

環境副大臣・経済学博士。総務副大臣、経産政務官も務めた。昭和36年生まれ。コロンビア大学政治学部卒（ＢＡ）、同大学院国際関係学科修士号（ＭＩＡ）、ニューヨーク大学経済学博士号（Ｐｈ.Ｄ.）取得。衆議院憲法審査会委員、予算委員会委員、参議院消費者問題特別委員会委員長、自民党副幹事長、外交経済連携本部副本部長、観光立国調査会副会長、科学技術・イノベーション戦略調査会副会長、中央大学大学院客員教授などを歴任。民間時代は日本経済の主要エコノミストランキングで全米第2位を獲得。シティグループ証券、J.P.モルガン証券を経てクレディスイス証券経済調査部長・チーフエコノミスト。産業構造審議会委員、財務省主税局研究会委員なども務めた。２００５年衆議院初当選、以降衆参勤続14年。現在大阪11区（近畿ブロック選出）・衆議院議員。国益のため堪能な英語で経済交渉にあたる新しい保守政治家。

ホームページ

フェイスブック

My Activities

1. いつも枚方・交野のみなさんとともに

私にとり、地元のみなさんは家族のように大切な人たち。

毎週末必ず地元に帰り、真夏の炎天下でも真冬の雨の日でも、街頭演説で訴え続けてこの14年、初心を忘れず全身全霊で尽くします。

第48回衆議院選挙、枚方公園駅の街頭に立ち通行人に訴える（枚方市）

地元神社の節分祭で雨の中を集まった参拝者らにご挨拶（交野市）

2. 2025 大阪万博招致、精力的活動が実を結ぶ！

パリのBIE（博覧会国際事務局）と中継で繋いだ万博開催地決定の瞬間、皆で歓喜を分かち合う（大阪市）

大阪万博招致支援を求め各国大使を訪問、ポゴシャン・アルメニア大使と（東京）

大阪万博招致支援を求め、レスコヴァル・スロベニア大使と（東京）

3. 2018年6月大阪北部地震発災に緊急対応

大阪北部地震発災後、枚方市災害対策本部会議に自民党市議らと出席、枚方市長・市職員を激励（枚方市）

4. 淀川橋梁・新名神ICを国交大臣等に要望

北大阪商工会議所正副会頭らと太田国交大臣を訪問、淀川橋梁（牧野高槻線）の建設要望を説明（東京）

地元要望団体とともに、石井国交大臣（左：東京）並びに伏見枚方市長（右：枚方市）に対して、新名神高速道路枚方区間へのスマートIC設置を要望

5.「FMひらかた」で環境DJとしてレギュラー出演

「FMひらかた」駅前スタジオで生出演中（枚方市）

スタジオ前で男の子のリスナーファンと（枚方市）

6. 総務副大臣時代（2018 ～ 2019）

国際電気通信連合（ITU）全権委員会議で日本を代表し演説（ドバイ）

UAE電気通信規制庁サイード次長とバイ会談（ドバイ）

参議院総務委員会での質疑答弁（東京）

G7デジタル経済大臣会合に出席、各国大臣らとAI原則を議論（パリ）

G7デジタル経済大臣会合で各国代表者らと（パリ）

7. 環境副大臣時代（2019 ～現在）

バイオマスエネルギーの再利用に向けて、2018年巨大台風21号被災森林の倒木状況を視察（枚方市）

ASEAN+3環境大臣会合に出席、日本の環境技術支援に各国参加を呼びかける（カンボジア）

2019年巨大台風19号被災地の災害廃棄物処理を視察（栃木市）

衆議院予算委員会第６分科会での質疑答弁（東京）

Chapter 3

永岡桂子

主婦の目線で
日本の政治を改革する

KEIKO NAGAOKA

普通の主婦が議員になって

私が自民党の国会議員として活動してから14年が経過した。志半ばで倒れた夫永岡洋治の遺志を引き継ぎ、選挙区のみなさんの励ましで、ここまでやってきた。とは言うものの、議員をめざすことは、私にとって大変な決断であった。

夫は農水省の国家公務員から、使命感を持って政治家になった。一方の私は学校を出てからは家業手伝いの後、家庭に入ったため、家の中のことしか知らない。夫が農水省を辞め、政治家をめざすことも賛成ではなかった。私が大切にしていたのは、何よりも家庭の安泰だった。

そんな普通の主婦が国会議員になったわけだが、私が主婦になった当時、女性は大学を卒業しても家庭に入る人が多く、優秀な女性であっても会社勤めをする人は少なかった。そういう人が私の身近には多かった。そうした経験を経て国会議員になって思うのは、当時家庭に入るという選択をした彼女たちが、もし社会進出をして働いていれば、日本という国も随分変わっていただろう、ということである。

主婦の目線で考える政治

そんな私が議員になって気づいたのは、主婦の視点は政治の場で大切だということだった。そのころから、少子化は日本の将来にかかわる大きな問題であると認識されるようになっていた。しかし、子育てにはお金が必要で、そこに焦点を当てた何らかの手当てをしなければ、少子化は止められないと私は考えていた。主婦としての経験に裏付けされた主張だ。若い夫婦には毎月の保育園や幼稚園などにかかる支出が負担なのである。当時薄給の国家公務員の妻として、私がどれだけ大変な思いをして、そうした費用を捻出したか。念願がかなってようやく昨年（2019年）の10月から幼児教育の無償化が始まった。

かつて、同期の議員で、少子化問題の担当大臣となられた猪口邦子議員と、こんな話をしたことを思い出す。

「少子化対策には男性の意識改革が必要よね」と。

少子化対策の主要な対象とされている今の世代（30代前後）を育てたのは、私たちの世代（60代前後）である。私たち世代では、先に触れたように、父親は外で働き、母親は家で家事に忙しい毎日を送るのが、ごく当たり前の家庭の姿だった。こうした家庭で育った世代には、いつも家にいる母親の姿が刷り込まれている。彼ら、彼女たちは、奥さんは家にいるものと思って、疑うことすらしない。「ママは家にずっといて、僕の面倒を見てくれた。だから君もそうして欲しい」というのである。

ところが1986年に男女雇用機会均等法が施行されると、女性の意識が大きく変わり始めた。仕事に対する意識も、社会に対する意識も、さらに言えば国に対する意識も、徐々にではあるが、確実に変化していった。社会の変化の中で、「女も自立しなければならない」という意識が高まり、進学し、就職し、キャリアを築こうとする女性たちが増えていった。その一方で男性は、外で働かずに家にいた母親のイメージから抜け出せないでいる。こんな2人が結婚して、子どもを授かり、育児をするためには何が必要か。男性の側の意識改革が必要なのだ。「男は外で仕事、女は家庭で家事・育児」。そんな凝り固まった考えから脱することが必要なのだ。

同級生が私にこう言ったことがある。

「うちの息子は家では何もしなかったのに、結婚したら、まめまめしく家事をしているのよ」。結局、そういう男性しか結婚できない。しかし、そうした男性はまだまだ少ない。だから女性たちは結婚できないで、少子化が進むのだ。この話を聞いて、私はそう思った。

男性社会に無自覚な男性たち

世の男性たちは、日本が男性優位社会であることにも無自覚である。自分たち男性が上位に立っているという認識があまりにもなさすぎる。その象徴が苗字である。現在、いわゆる選択的夫婦別姓制度が一部で検討されているが、実は、私はこれに反対している。議員仲間も意外に思うようだ。

なぜ、私がこの制度に反対するのか。男性たちが、なぜ女性たちがこの制度を求めているのか、その真の理由をわかっていないからである。憲法第24条、民法第750条に基づき、本来、結婚の時に2人で話し合って姓は決められるものなのだ。しかし、姓についてしっかり話し合いをして夫婦になったカップルがどれだけいるだろうか。男性には、そもそも話し合うという意識すらないのが現実である。本来は、まず男女平等のもと、結婚の時に話し合って姓を決めるべきなのだ。しかし、初めから決まっているかのように男性側の姓が選ばれる。男性には選択して決めるという意識すらもない。そうした暗黙の男性優位社会であることこそ問題にしなければならないのである。

女性の意識が変わるのに、男女雇用機会均等法施行から30年かかった。それと同じように、男性の意識が変わるのに、ここから30年かかるのかもしれない。

文科省でのパパママ井戸端会議

私は9月（2019年）まで、文部科学省の副大臣を務めていた。4月、文科省に入省した新人の40パーセントが女性だった。総合職も事務職も合わせてである。そのことを聞いたとき、私は、この女性たちが、夜中も国会対応に明け暮れる仕事の中で、結婚し、出産・育児をしていく大変さを思い、今からでも何か取り組みを始めなければならないと痛感した。

これはもう、働く女性個人ではなく、省全体の大問題である。産休・育休を男女でとり、ワークライフバランスを整える必要は、文科省も十分にわかっている。産休を終えた女性が、どうすればスムーズに職場復帰できるかを考えることも大切である。仕事を見直した効率化も必要になるだろう。

そこで、パパママ井戸端会議というものを開いてみた。省内にはたくさんの子育て中の人たちがおり、産休や育休の予定者もいる。しかし、互いに会うこともなく、それぞれが仕事をしている。そこで、同じ状況にある人たちが集まり、情報交換をしながら自由に話し合う、そんな仕組みをつくった。12時から1時までの1時間、問題点を挙げ、それをどう解決したらよいかを話し合った。互いに、子育ても仕事も頑張っていこうということを再認識できる場でもあった。また、育休取得や子育て中の状況について理解を深める研修も行った。具体的には、対象となる職員、そしてその上司に、どのような制度が利用できるかを一覧的に理解してもらった。安定していると言われる公務員業界に比べ、民間はもっと厳しいが、まずは国から職場の雰囲気を変えていき、このような仕組みが、民間企業等にも広がっていけばと願っている。

M字カーブが台形でいいのか

皆さんはM字カーブという言葉を聞かれたことがあるだろうか。結婚して妊娠、出産・育児の間は会社から消えて、それを終えて復帰する。そんな女性の年齢別の労働市場における参画の状況を示したグラフをM字カーブという。

今は、女性が働くことにのみ主眼が置かれていて、M字が台形になってよかったと言われている。でもこれは本当にいいことなのかと、私は思う。なにもゼロ歳児から保育園に預けなくてもいいと思うし、病児・病後児保育の問題もある。子どもが病気にかかったときに、保育園では預かれないため、病児・病後児を預かる施設がある。数が足りないから、増設が叫ばれている。私は反対しないが、それでいいのかと思ってしまう。どうもスッキリしない。男性も女性も、人生のある一定の時期は子育てにかまけることも重要ではないだろうか。例えば、子どもが病気になった時など、お父さんなり、お母さんなりが負担なく休める、そういう社会になっ

女性の年齢階級別就業率

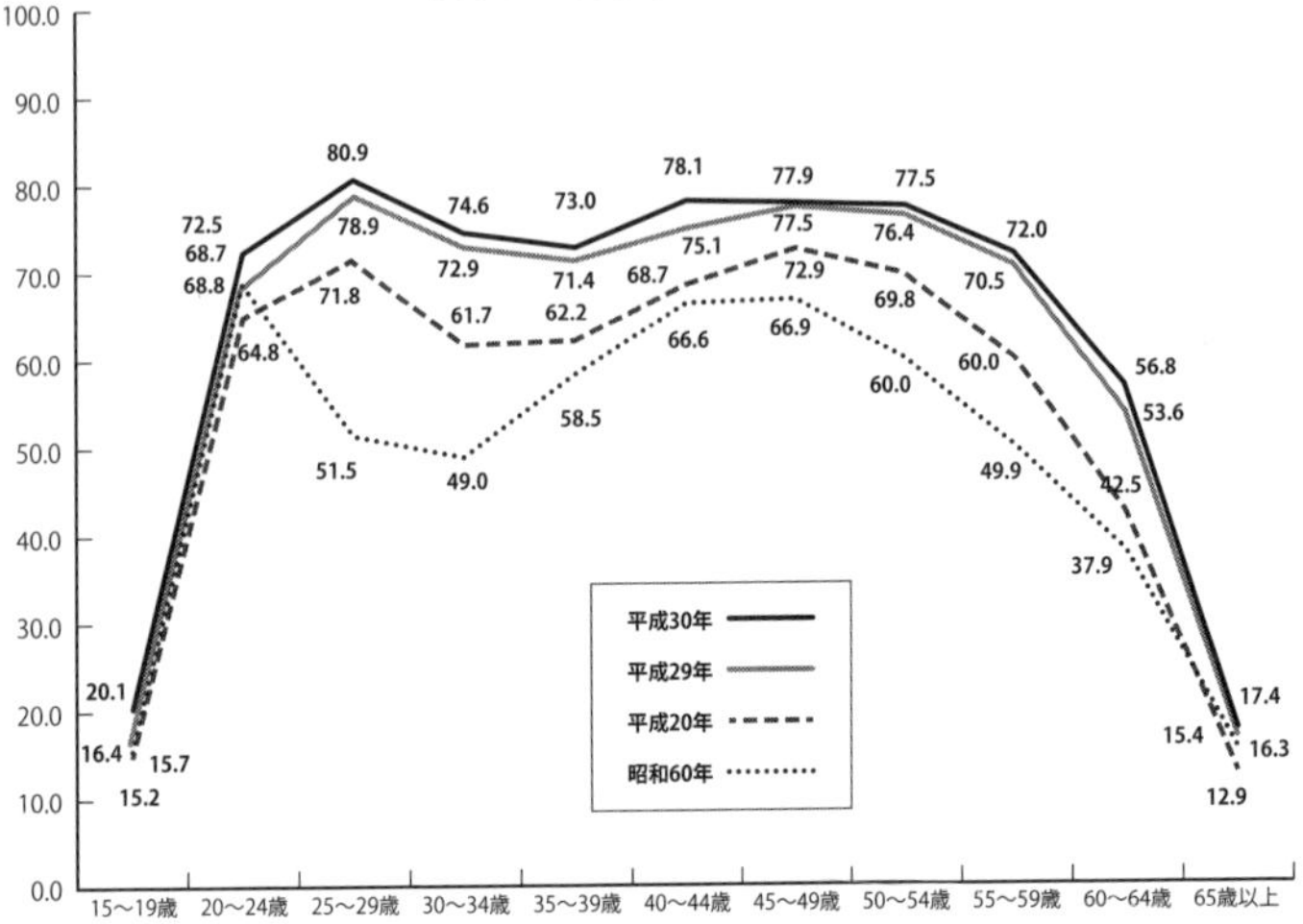

資料出所：総務省「平成30年労働力調査」

てもらいたい。それが、女性が働く理想の社会なのではないか。父親、母親が、責任を持って子どもを育てる、ここに主眼を置いて日本の国を住みやすくしていく。こうした社会を実現してこそ、誰もが幸せになれるのだと思う。

女性視点の消費者問題

主婦目線から政治を考えるとき、消費者問題は重要であり、私のライフワークの一つでもある。

消費者庁ができたとき、全省庁を敵に回す官庁が生まれたと、つくづく思った。それはなぜか。消費者庁以外の省庁は、それぞれの分野から産業の振興・発展へ寄与することを目的としている。戦後営々と築き上げてきた男性社会の象徴とも言えるのだが、消費者庁だけは一般消費者の立場に立ち、消費者を保護する組織である。そんな感覚を持った。この消費者庁設置の際は、私も消費者問題に関する特別委員会に所属し、何十時間も議論をした。最近の消費者問題に関する特別委員会で印象深いことは、第196回国会において、法案担当の理事として、消費者契約法の一部を改正する法律案の修正案を与野党一致でまとめあげたことだ。デート商法や霊感商法を不当な勧誘行為に位置づけ、取り消しできるとした。

現在は同委員会で与党筆頭理事を務めており、引き続き消費者の権利のために汗をかいていきたい。

母子家庭の母及び父子家庭の父の就業の支援に関する特別措置法制定の努力

主婦目線というより、母親目線からの活動も行っているので是非紹介させてほしい。現在、自民党の母子寡婦福祉対策議員連盟の会長を務めている。この議員連盟は一般財団法人全国母子寡婦福祉団体協議会と協力しながら、母子寡婦の福祉向上を図るものである。その議員連盟の会長として、昨年は未婚のひとり親への寡婦（夫）控除適用に向けた活動を実施し、多くの同僚議員とともに公平な税制を勝ち取った。

これ以外に、この議員連盟の会長として大きな成果としてあげられるものが、平成24年に成立させた「母子家庭の母及び父子家庭の父の就業の支援に関する特別措置法」である。

この法律は、これまでは時限立法であった。平成24年法改正の直前の法改正（平成15年）のときには、第一条に「この法律は、最近の経済情勢の変化により母子家庭の母の就業が一層困難となっていることにかんがみ、（略）」とあり、時限的な措置かつ母親のみ対象になっていた。しかしながら、男女関係なくひとり親家庭では、いつの時代も子育てと就業の両立が困難であることを等を踏まえ、恒久的に母子家庭・父子家庭の福祉を図ることを目的とした。困難な立場にあるひとり親家庭をしっかり支援するという姿勢を打ち出すために、恒久法としたことは大きな目玉であった。

法律の内容としても、ひとり親の仕事確保支援のための特別な配慮を国や自治体に課し（市営住宅への優先入居、保育園への優先入園等）、さらに国に、母子家庭の母等の就業促進のための財政上の措置を講じるよう求めた。この法律にもとづき、ひとり親が子育てと生計の維持を両立できるような取り組みが広がっている。

両親が円満に家庭生活を営むということがうまくいかないこともある。やむにやまれぬ事情で両親が離婚したら、その家庭や子どもが貧困に陥るというようなことは避けなければならない。引き続きひとり親家庭の福祉の向上のために全力を尽くしていきたい。

安全保障の重要性

日本に住む私たちは、毎日が平和であることを当たり前のように感じているが、世界に目を向けると、毎日爆弾が落ちてきたり、ミサイルが飛んできたりしている地域もある。満足な食事もとれず、安心して寝る場所も奪われ、国を捨て難民になるしかない人々もいる。そんな境遇にいる人々が世界に数多くいることを忘れてはいけない。政治家になる前は、そうしたニュースに接しても、他国で起こっていることで、同情する程度だった。しかし、政治家になってからは、私たちが平和に暮らしていけるうえで一番大切なのは安全保障であると考えるようになった。第一が安心して住める国であること、次が、毎日ご飯を食べられること、そして、三番目が教育なのだと。それまでの私は、人間を育てる教育こそが一番大切だと信じていたのだが、その順番が変わったのである。

安全な暮らしという面では、自然災害の多いこの国で、自衛隊の存在が非常に大きいことは異論がないと思う。災害が起きた時、自衛隊は原則自治体の首長から政府への要請がないと動けない。そうした、制約がある中で、本当に自衛隊の隊員たちは頑張ってくれていると思う。

その点で、国民も自衛隊には大変に好意を持っている。一番信頼できる省庁はと聞かれ、自衛隊と答える人も多い。

しかし、残念ながら、一方では自衛隊の存在は違憲だという憲法学者もいる。このような状況を解消するために、自衛隊を憲法に明確に位置付けることが重要である。戦争をするための軍事力を認めろと言っているのではない。海外での活動も国連との協調を第一とし、戦力不保持を定める9条2項を維持して「自衛隊」を明記することが望ましいと考えている。

女性議員が増加しない理由

主婦目線での政治についていろいろ述べてきたが、取り組まなければならない最大の課題は、女性議員の数が少ない現状をどう打開するかだ。もっと女性議員の数を増やし、その力を合わせていかなければならない。自民党の議員連盟「女性議員飛躍の会」が発足したのも、そのためである。

私たちの足元の自民党にも「古いお父さん」が大変、多くいらっしゃる。戦後のほとんどの時期、日本の政治は自民党が主導してきた。と言うことは、日本の政治は男性中心の社会の政治なのだ。この男性社会の政治が女性議員の登場を阻んでいる。象徴的な風景として、選挙運動を見ればよくわかる。男性の候補者の場合、ほとんどの奥さんは、支援者の間を歩いて回り、頭を下げている。では、女性が候補者の場合はどうだろうか。男性候補者の奥さんと同じように、夫として選挙応援をしている男性がどれくらいいるだろうか。少なくとも私は聞いたことがない。私が、政治は男性社会であるという所以である。

女性の政治進出がなかなか難しい背景の1つに、議員としての経歴をスタートさせる地方議会の議員に、女性が立候補しにくい現実があると思う。ちょっと想像してほしい。地方議員の皆さんは基本的に、日々暮らしている町が自分の選挙区だから、自分の一挙手一投足が有権者から常に見られている。例えばスーパーでの買い物でも、きちんと支持者に気づいて挨拶をしなければならないし、買い物の中身も気をつけなければならない。そこでは、夫をはじめ、家族や親族の協力を得られないと、とても議員はやっていけない。このハードルがとても高いのである。

このような状況にあっても、女性の政治進出の可能性が高いと思うのは過疎地域の地方議会である。若者がほとんどおらず、議員のなり手もいないような、それこそ限界集落であれば、反対に、女性議員が生まれる可能性は大きいのではないか。例えば、これは地方議員のみならず首長の意識改革にも期待することではあるが、議会を夜や日曜に開くようになれば、地域で暮らし、地域のことを思う女性が議員となって、女性の視点から地域をより住みやすくできるようになるかもしれない。それは地方創生の一つではないか。私はそのようなことを考えている。

旅立つ娘への約束

最後にもう一つ、話さなければならないことがある。

私にはふたりの娘がいるが、その1人が結婚し、夫の海外転勤で、勤めていた会社を辞めなければならなくなった。私は、「行きたくない、仕事を辞めたくない」と言う娘を、こう言って送り出した。

「行っておいで、あなたが会社を辞めて、海外で出産して、子育ても終わって、日本に帰ってきたとき、普通にもといた会社に戻れる、そんな日本社会にしておくからね」と。

そんな大見得を切って送り出してしまったものの、果たして現実はどうだろうか。

それから6年経って、娘はまだ戻ってきていないが、帰ってきたときの日本の社会は、どうなっているだろう。私は嘘つきと言われなくて済むのだろうか。しかし、私が言ったような社会に次第になりつつあるという実感もある。また、戻ってくれれば「学び直し教育」もあるのだから大丈夫と、自分に言い聞かせている。

ところで、私は「リカレント教育」などという言葉は使わない。公用語が日本のわが国において、わざわざ英語で言う意味がわからない。「学び直し教育」でいいではないか。難しい言葉を使われてしまうと疑問があっても聞きにくいという方もいる。国民のみなさんがしっかりわかるように、なるべくわかりやすい話し方をするようにしたい。これも主婦目線からの政治と言えるだろう。

Profile

永岡桂子

（ながおか・けいこ）

１９５３年生まれ。東京都渋谷区出身。学習院女子中等科、学習院女子高等科を経て、１９７６年３月に学習院大学法学部を卒業。２００５（平成17）年、衆議院議員総選挙に出馬（自由民主党公認）し、初当選。２００６年（平成18）年発足の第１次安倍内閣では、農林水産大臣政務官に就任。その後４回の選挙も当選し、現在５期目。自民党厚生労働部会長代理、自民党消費者問題調査会事務局長、厚生労働副大臣（第２次安倍改造内閣及び第３次安倍内閣）、自由民主党政調副会長、衆議院文部科学委員長など要職を歴任。２０１８（平成30）年、文部科学副大臣、２０１９（令和元）年９月、自由民主党副幹事長に就任。

ホームページ

フェイスブック

My Activities 永岡桂子活動日記

文部科学副大臣退任後は自由民主党副幹事長として活動しております！

2019年12月

未婚のひとり親への寡婦（夫）控除適用について、会長を務める母子寡婦福祉対策議員連盟にて緊急勉強会を開催し（上段）、税調でも訴えました（下段）。女性議員の賛同がきっかけとなり、結果として公正な税制を勝ち取ることができました。

2019年11月

地域の河川、道路について麻生財務大臣、赤羽国土交通大臣へ要望している写真です。

地域あっての国、国あっての地域です。お互いの意思疎通がスムーズになっていることが肝要です。

国会議員として、国政の動きを地域の皆様へ伝え、市・町・県と連携して皆様の要望・問題意識に取り組みます。

上段：利根川改修に関する要望
下段：国道354号整備に関する要望

2019年12月

那珂核融合研究所を視察。那珂核融合研究所のJT60SAは2020年から始動し、研究が本格化します。安全な核融合研究は次世代のエネルギーとして開発が期待されます。現在、核融合研究は日本が世界をリードしていますが、中国が莫大な資金を注ぎ込んで開発を行っています。日本頑張れ！

2019年11月

茨城県女性団体連盟のつどいに参加し、女性の政治参加について自分の経験を踏まえ講演しました。女性議員を増やすことが各種問題への解決につながるはずです。男性のみならず、女性からの視点を活用していきましょう！

2019年4月

量子科学技術研究開発機構の量子生命科学領域発足式です。日本の医療を大きく進歩させます。

2018年12月

理化学研究所にて超電導リングサイクロトロンを視察しました。こちらも日本の科学技術の進歩につながります。

2019年6月

トビタテ！留学ＪＡＰＡＮ日本代表プログラム第5期派遣留学生壮行会にて留学のため世界各国へ羽ばたく高校生の皆さんを激励しました。

2018年11月

日本PTA全国協議会創立70周年記念式典にて
皇太子殿下、雅子妃殿下、衆・参両院議長ご臨席の下、挨拶いたしました。
しかし、両殿下の写真撮影はＮＧとのことでしたので、私だけの写真となりました。

猪口邦子

軍縮と平和、
そして男女共同参画社会の実現を目指して

Chapter 4

KUNIKO INOGUCHI

国際政治学者から政治家へ

「女性議員飛躍の会」の特徴の1つに専門性がある。私自身は国際政治学専攻の大学教授として活動してきたが、弁護士、エコノミスト、公務員など、専門性の高い分野で活躍してきた議員が多い。「女性議員飛躍の会」は、人権問題、消費者問題、経済政策、少子化対策、軍縮、外交、教育、科学技術など幅広い分野について専門的な意見を述べ、政策を提言できる議員連盟である。

専門家集団を形成した背景には、政治の世界がいまだに男性中心の発想で動いているという現実があるためだ。女性がその世界で闘うには、専門性の高い知識と才能で対抗しなければ、すぐに潰されてしまう。また、闘い続けるには、培ってきた専門性に甘んじることなく、日々努力して視野を広げ、その専門性も高めていかなければならない。

私が議会人になった時、当時の小泉首相は次のように述べていた。「議員は自分で自分の時間を見つけないと、いつかは摩滅してしまう」と。静かに集中して思考する時間を確保することの必要性を私に教えてくれた。また、小泉首相は「政治家も学者も日々の学習が基本だからね」とも言われた。

私は学者の世界から政治の世界に来た。そのことを忘れてはいけないと思っている。自分の歩んできた道のりを大切にし、それを政治の世界に活かすことによって、日本の民主主義の発展に貢献できると考えている。この考えから、まず取り組んだ課題が、軍縮と少子化対策であった。

「パール・ハーバー」の授業

私は、10歳から15歳の時期を父の仕事の関係でブラジルのサンパウロで過ごした。父は、損害保険会社に勤めていた。サンパウロに開設した支店を南米有数の損害保険会社に育てることが父の使命だった。当時、日本は資源の乏しい国でありながらも、資源の輸入と工業製品の輸出で世界からは奇跡と呼ばれた高度経済成長を実現しつつあった。それを支えるためにも、資源輸入のための海運や海上保険を民族資本でまかなえるようになることが必要であり、父はその先兵のような覚悟でブラジルに家族を連れて向かった。

サンパウロでは、最初にイギリス系の小さな学校に入り、その後アメリカンスクールに転校した。アメリカンスクールで思い出に残る授業がある。小学校高学年のときの社会科の授業だ。その教科書の内容は世界史が中心だった。近代史の「パール・ハーバー」に関する記述では、勢力拡張の野心を抱いた日本が真珠湾に奇襲攻撃をかけたこと、その野望をくじくためにアメリカは原爆を投下したことなどが書かれていた。クラスでは、私1人が日本人であり、私は「パール・ハーバー」の授業を想像するだけで憂鬱になった。

その授業の日がついに来た。しかし、実際の授業内容は教科書の記述とは異なっていた。日本は資源が乏しいこと、発展するために外国から資源を輸入しなければならないこと、どんなに資源が乏しい国でも、貿易によって発展する権利があること、しかし、欧米諸国は、アジアの国が発展しすぎることをよく思っていなかったこと、そこで日本の資源輸入を困難にする政策に出たこと、などが先生の口から語られた。戦争にはたくさんの原因がある、と先生は言った。必ず複雑な背景があると。それを単一原因論に短絡的に結びつけることは歴史に対する暴力です、と言って授業を終えた。

先生はたった1人の日本人である私のために授業をしてくれたのだ。私は涙が溢れそうになった。そして、同時に私の中にもう1人の自分を発見した。もう1人の私は、国際関係の複雑な絡み合いを解明していく仕事をしたいと叫んでいた。

その後、私は日本と米国で国際政治学を学び、研究者への道を歩み始めた。国際政治学者として20代から40代は懸命に生きた。

ジュネーブ軍縮大使として

40代も終わりのころ、外務省から突然の依頼が来た。在ジュネーブ軍縮大使になって欲しいというのである。

私は2002年4月、ジュネーブの国連軍縮会議の日本政府代表部特命全権大使として赴任した。アメリカの同時多発テロ事件（2001年9月11日）からわずか半年後のことだった。同時多発テロの影響から戦闘的なムードが広まり、逆風の中での軍縮外交だった。大量破壊兵器分野では、生物兵器禁止条約の条約強化会議は中断したままで、通常兵器分野では、小型武器の軍縮プロセスが不信感と対立により低迷していた。

1989年に東西冷戦は終結の方向に向かい、その年にベルリンの壁が崩壊する。冷戦の終結により、世界の人々は核戦争の危機は去り、世界は国連を中心に平和で安定した時代を迎えることができると期待した。しかし、その後も地域間の紛争は絶えず、さらに、平和への希望はテロ組織による2001年のアメリカ同時多発テロにより打ち砕かれた。

テロ撲滅の戦いの中で、改めて注目されるようになったのが、小型武器（Small Arms and Light Weapons=SALW）の非合法製造と取引によるテロ組織の増長である。大国間の冷戦が終わっても、流出する各種の兵器や、多発する小国間の紛争により、小型武器の非合法取引が急増し、テロ組織は非合法小型武器で人々を脅かして、勢力を拡張していった。

小型武器は、比較的安価な武器で、1人ないし数人で操作ができ、操作も難しくない。小銃、自動拳銃、突撃銃、重機関銃、携帯対空砲、携帯対戦車ミサイル、携帯対空ミサイルなどが含まれる。

軍縮と言うと、一般には大量破壊兵器である核兵器のことを考えるが、小型武器関連による死者は毎年、約50万人に上っている。犠牲者の90%が民間人で、その80%が女性と子どもである。男たちが始めた戦争により、多くの女性や子どもたちが犠牲になっている。ノーベル平和賞を受賞したコフィー・アナン元国連事務総長は、小型兵器を「事実上の大量破壊兵器」と呼んだ。

主権国家では、武器等の保持は、警察や軍隊など正当な実力組織だけに認められている。しかし、テロ組織は非合法に武力を保持し、また、あらゆる非合法的な手段で小型武器等を手に入れ、その力で集落を襲い、子ども兵を調達したりもする。テロ組織にとって小型武器は権力の基盤であり、テロ組織を撲滅するには、非合法な小型武器の流通や製造を完全に国際社会から排除しなければならない。

私は低迷している小型武器の軍縮外交を活性化させるためには、日本自らが小型武器軍縮会議の議長職を取らなければと考えた。全会一致で議決してこそ国際社会では軍縮を進めることができ、そのためには日本が議長として全体を取りまとめる必要があると判断した。しかし、議長職を取ることはかなり大変なことであった。まず自らが議長を務めたいと意思表明を行い、参加国の代表と丁寧な話し合いを続けた。その結果、２００２年12月、私は満場一致でジュネーブ小型武器軍縮政府間プロセスの議長に選出された。

小型武器軍縮を推進するための国連会議は２００３年７月に行われ、私は、小型武器に関する第１回隔年会合の議長を務めた。議題構成、国連事務局の体制整備、成果物の方向性、各国の発言順、ＮＧＯの取り扱いなど、全ての事項を日本側で考え、議事を進めた。特定２国間の対立で暗礁に乗り上げたときもある。しかし粘り強い交渉で乗り切り、閉会の５分前に、私の議長総括が添付された報告書が全会一致で採択された。

この会議でまとめられた結果を各国は自国に持ち帰った。同年10月から始まった国連総会の国際安全保障委員会で、各国の政府代表から小型武器の分野で軍縮措置を取り始めたことが次々と報告されていった。劇的な展開であった。

その後、核軍縮も扱うジュネーブ軍縮会議全体の議長も務め、２００４年３月末、軍縮大使の2年間の任務を終えて、私は日本に帰ってきた。その後、国政の場に活動の拠点を移すが、軍縮に関しては生涯のテーマとして取り組んでいくつもりである。2003年の国連会議で掲げた軍縮の松明を、日本は掲げ続けなければならない。例えば、南アフリカが掲げる人種差別撤廃の松明が世界の希望であるように、被爆国である日本が掲げる軍縮の松明は、世界の趨勢がその逆の方向に向かっている時こそ、世界の人々にとって希望の輝きとなると信じている。

国会議員への道

2年間の軍縮大使の任を終えて2004年4月に日本に帰国し、上智大学の教授に復帰した。研究者生活の日常を取り戻し、研究に専念し始めて1年以上が経った2005年の8月、当時の小泉総理から第44回衆議院議員総選挙への出馬を要請された。選挙は郵政選挙と呼ばれた。

郵便や郵便貯金などの事業はかつて国の仕事だった。2003年に国の全額出資で特殊法人・日本郵政公社が設立されると、郵政三事業（郵便・郵便貯金・簡易保険）は日本郵政公社に移管された。小泉首相はこの郵政公社を解散し、民営化しようとしていた。郵政事業は100年を超える歴史を持つが、日本経済が発展していくためには、既得権益の構造を変えなければならないと、小泉総理は決断したのだ。

私は、郵政民営化という衣をまとっているが、この選挙で問われているのは、戦後日本の改革なのだと直感した。新たな時代に向けた改革全体への道筋をつけようとしているのだと。郵政選挙は日本そのものを構造改革しようとする選挙だった

立候補の要請を受けるべきかどうか、しばらく考えた。国際政治学者と国会議員では活動の場が違いすぎる。学者は自らの知的関心で動くが、政治家は主権者の意見をくみ取って社会全体のために動く。しかし、私が培ってきた知識を、実践の場で社会のために活かすことは、自分を育んでくれた社会に対する責務ではないだろうか。その気持ちを夫に伝えると、夫は「邦子がそうしたいと望むなら、頑張りなさい」と言ってくれた。私は選挙に出ることを決意した。

2005年9月に行われた選挙は自民党の圧勝となった。私は東京比例区から立候補し、当選した。公示前の8月24日、私は、東京の秋葉原ではじめて小泉総理と二人で演説した。公示前だったが、数千人の人々の熱気で秋葉原の街頭は埋めつくされた。人々は閉塞状態の政治の変革に乗り出した小泉総理に絶大な拍手を送った。

「少子化・男女共同参画」内閣府特命担当大臣に任命されて

第3次小泉改造内閣の組閣で、私は初代の「少子化・男女共同参画」の内閣府特命担当大臣

に任命された。

人口を維持するには合計特殊出生率*（1人の女性が生涯に産む子どもの数の推計）は2・1くらい必要だとされている。2005年の段階で、日本の合計特殊出生率は1・26まで低下していた。大臣就任の際、小泉総理は、「これはあなたのバトンなんだ。あなたはこれまで多くの女子学生を育て、男女共同参画に取り組んできたではないか。お母さんだしね」とおっしゃった。さらに続けて「少子化は30年間ずっと続いている。この流れを変えて欲しい」と。私は、「従来のやり方では改革は難しいと思います。抜本的、総合的な対策を私の責任で進めてまいります」と応えた。総理は私の使命を全力で支えてくれると直感した。

大臣就任後、私が最初にしたことは、都道府県を10ブロックに分けた全国行脚による知事との政策対話の旅だった。自治体責任者と各地の少子化対策について話し合い、また地域の関連施設を訪れ、保護者や子育て関係者との対話を繰り返した。政治とは、困っている人がどう困っているかを見極めることから始まる。少子化対策でも、保護者は何に困っているのか、それを正確に知ろうとした。どの地域でも、大臣との政策対話は地方紙のトップニュースになった。少子化対策が主流化する流れを、私は知事たちの力を借りて作っていった。

また、行脚の結果、男女共同参画意識の欠落が、日本の少子化の背景にあることを確信した。

日本社会は育児や家事は女性の役割だと考える傾向が強い。働く女性は、育児や家事をしながら働き続けている。女性が仕事と家庭を両立できるように配慮する欧米に比べ、著しく配慮に欠ける日本では、女性に負担がかかりすぎる。その結果、女性は、仕事と家庭のどちらかを選択することを強いられる。仕事を続ければ、家庭生活との両立は難しい。家庭を選び、パートタイム的な仕事に転換しても、配偶者が家事・育児を支えてくれるわけではない。このような状況下では、子ども1人を育ててみて、2人以上育てることは無理だと考える人たちが多くいた。また、子育てを終えて職場に戻りたいと思っても、受け入れてくれる職場は少ない。女性たちは、仕事、家庭のどちらを選んでも、納得できない状態で人生を歩んでいるのだ。

少子化対策とは、男女共同参画の問題にほかならない。

新しい少子化対策の推進

これまで、少子化対策に国が無策だったわけではない。エンゼルプラン等の施策があった。しかし、施策内容に統一性がなく、制度として複雑で、不十分であった。

私は、「新しい少子化対策」、すなわち「子どもの成長段階に合わせた子育て支援」に乗り出した。政策は、子育ての現場で実際に困っている人にとってわかりやすいものでなければならない。私は、ゼロ歳の時にはこういう施策を、保育園に入る年齢となったらこういう施策を行うなど、子どもの成長段階に合わせて政策を示す方が、より効果的だと考えた。

驚かれるかも知れないが、２０００年代前半、出産費用に困る家族が少なくなかった。出産費用は、当時30万円から40万円くらい。しかし、それが払えなくて病院から夜逃げする人たちもいた。バブル崩壊後の就職氷河期にあって、非正規雇用を余儀なくされた人たちが多かった時代である。出産・乳幼児を育てる時期は若い時期であり、所得が最も低い時期でもある。

そこで私は、出産費用の無料化（出産育児一時金の制度的改善）と児童手当制度の中での乳幼児加算の制度創設にまず着手した。

子どもを産むことは、女性にとっては命がけの仕事である。夫婦にとっても子どもは大切な宝である。私は、せめて出産費用は無料にすべきだと考えた。しかし、当時、無償化という考え方はなかなか受け入れてもらえなかった。方法を変え、出産育児一時金として42万円を給付する制度をつくった。これで出産にかかる費用に若い世代は悩む必要がなくなった。

これが少子化対策の一丁目一番地だった。その後、小学校入学前の施策（保育園への待機児童ゼロ、事業所内託児所の充実、病児保育など）、小学校に入ってからの施策（放課後子育てプラン）、進学後の奨学金制度の充実など、子どものライフサイクルに沿った施策を作り上げていった。

大臣就任後、明らかに結婚率は上昇した。また、1年以上経過すると、子どもの誕生数も増加傾向に転じた。1978年以降下がり続けていた合計特殊出生率は、ほんのわずかではあるが28年ぶりに好転した。2018年の合計特殊出生率は1・42まで回復している。

現在の人々は、例えば出産費用の問題があったことさえ忘れている。政策とはそういうものなので、それでいいと思う。ある時、誰かが解決すべき問題に一気に突進して、半永久的に問題を解決する。そして、誰もが問題があったことすら忘れてしまう。それが理想の姿だと思う。

2019年、就学前幼児教育・保育の無償化が実現した。10月1日から、3〜5歳児クラスの幼稚園、保育所、認定子ども園などの利用料は無償となった。費用に消費税増税分の一部を充てている。この施策は、70年前の義務教育の無償化に並ぶ施策と言ってもよい。実は日本は70年もの間、子どもの教育・保育のための抜本的な投資を実施してこなかったのだ。安倍政権によりやっと実現できた。

改めて思うのは、政治家は長く続けなければならないということである。長い時間をかけてしか実現できない政策は多い。男女共同参画社会実現のための「働き方改革」の概念も、その「新しい少子化対策」の中で初めて提示し、本格的な導入は、それから10年以上経ってからである。

現在、私は参議院外交防衛委員会に所属し、本来の国際関係の仕事に戻っている。「民主的な少子高齢化社会の不戦構造」(Geriatric Peace) の理論的枠組についての研究も進めている。

邦子流「知的生産の技術」

2005年から始まった政治家生活だが、最初に小泉総理がおっしゃった「議員は自分で自分の時間を見つけないと、いつかは摩滅してしまう」という教えを守り、自分の時間を持ち、勉強を続けてきた。それができたのは朝の時間活用法だと思う。この方法で軍縮大使の激務も乗り切ったことを思い出す。

夜遅く帰宅した時は、たとえ仕事が残っていても、夜更かしや徹夜をせずに、睡眠時間を確保する。そして、5時には起床し、そこから3時間、集中して仕事をする。8時までには仕事や勉強の大きな勝負を終える。睡眠とは、早朝3時間の最も頭脳明晰の時間を得るためのものだとさえ思う。

その際、私なりに工夫していることは、自分のための豆本を作ることだ。

朝一番、専門誌等を読んで気になったことを、名刺サイズの蛇腹になったカードに一気にメモする。ハンドバッグの中にテーマごとに、アルファベット順に並べておく。私は、この蛇腹カードをいつも持ち歩き、余裕のある時に読み返している。こうすることによって、メモした知識は私の頭に定着していく。

この蛇腹カードは記入するだけでなく、面会した人物の整理にも使われる。例えば、少子化の会議では、Children の大項目に、その日会った人の名刺を入れておく。軍縮の会議では Disarmament の項目に入れる。こうして次々に新しい蛇腹カードを書きためることによって、私のための豆本ができ上がっていく。膨大な資料の束を持つ必要もなく、蛇腹カードは小さいので、海外出張にも手軽に持っていける。何かの分野で誰かに連絡したい時も、いちいち秘書に言う必要もなく、すぐ、直接に行動することができる。自分のＡＩ力が向上していく感じである。

最近、海外の新聞で面白い記事を読んだ。若いころ愛読した『ジェーン・エア』等の著者シャーロッテ・ブロンテは、小説の下書きをすべて手書きの小さな豆本に書いていたのだ。最近、ブロンテ協会がその豆本を入手して、その事実が判明した。イングランドの荒野で、彼女は豆本に物語を書き込んでいた。

どうして彼女が豆本に小説を書いたかが、私には理解できる。私も主婦で家事をする。彼女は今よりも不便で厳しい環境で、洗濯をし、パンを焼き、掃除をしていた。女性にとって、自分が自分のために使える時間は昔も今も少なく、少しの時間でも活用するために、いつでもどこでも書けて読み返せるモバイルな豆本は女性のための「知的生産の技術」なのかもしれない。ブロンテ姉妹は、エプロンのポケットの中の豆本や豆ノートに、思いついた文章を書き込んでいたのだと思う。

女子が何らかの知的な営みを続けていく時、知的生産の道具を工夫しなければならない。豆本にもなる蛇腹カードをその1つとして提案したい。

＊合計特殊出生率は厚生労働省「人口動態統計」による。

Profile

猪口邦子

（いのぐち・くにこ）

千葉県市川市生まれ。桜蔭中・高等学校、米国マサチューセッツ州コンコードアカデミー高校を経て、上智大学外国語学部を卒業。1982年、米国エール大学政治学博士号（Ph.D.）取得。1981年から上智大学法学部助教授（～1990年）。この間、米国ハーバード大学国際問題研究所フルブライト研究員（1983年～1984年）、オーストラリア国立大学政治学部客員教授（1985年）を務める。1990年に上智大学法学部教授（～2006年）。2002年～2004年まで軍縮会議日本政府代表部特命全権大使。2003年、軍縮会議（ジュネーブ）議長、国連第1回小型武器中間会合議長を務める。国連軍縮諮問委員会（ニューヨーク国連本部）委員（2003年～2006年）。日本学術会議会員（政治学）（2005年～2014年）。2005年9月、衆議院議員に初当選。第3次小泉改造内閣で内閣府特命担当大臣（少子化・男女共同参画）に就任。2010年7月、参議院議員通常選挙で当選。2016年7月、参議院議員通常選挙で再選。2018年、参議院外交防衛委員会委員。

My Activities

第3次小泉改造内閣で内閣府特命担当大臣（少子化・男女共同参画担当）として初入閣（2005年10月）

衆議院議員に初当選（2005年）

国会で大臣として答弁（2005年）

ホームページ

フェイスブック

トリニダートトバコ訪問(2006年8月)

コフィー・アナン国連事務総長と対談(2003年)

参議院議員に当選(2010年7月)

COOL BIZ普及イベントに夫(猪口孝東大名誉教授・当時中央大学法学部教授)とともに参加(2006年5月東京・表参道)

『くにこism(イズム)』(西村書店)の刊行(2007年11月)

自民党内閣第一部会長として内閣第一部会を主催(2019年4月)

自民党女性政策推進室のオープン
看板かけに女性議員たち(2019年11月)

予算委員会での質疑
(2015年3月)

参議院外交防衛委員会での質疑(2019年2月)

ユネスコ本部(パリ)での会合にユネスコ戦略顧問として出席(2019年11月)

第7回アフリカ開発会議(TICAD7)が横浜市で開催
(2019年8月)

第3回憲法を考えるふるさと対話in白井市
(千葉県、2019年11月)

大網白里スマートインターチェンジ開通式に出席(2019年3月)

Chapter 5

森まさこ

誰もが可能性を伸ばせる社会の実現を目指して

MASAKO MORI

森まさこ

1．人々の善意が私を育てた

貧しかった少女時代

私は福島県平市（現いわき市）で生まれた。両親は東京浅草の出身である。2人は東京大空襲で焼け出され、偶然にも疎開先の福島県で出会い、結婚した。

1945年3月10日深夜、東京の空はアメリカ軍の爆撃機で覆われた。次々と投下される焼夷弾によって、下町を中心とする地域は火の海と化した。8万から10万の人々が焼死し、100万人が家を失った。祖父はこの空襲で亡くなった。祖母と父を含む5人の子どもたちは、必死で火の海から逃れ生き延びたが、家も職も失い、廃墟と化した東京で子どもたちを育てることは不可能だった。祖母は大叔父の住む福島県平市に向かうことを決意する。福島県までの道のりは遠く、見知らぬ家で食事を提供してもらいながらの道中だったと聞いている。苦難の末辿り着いた祖母と父たちを、大叔父は温かく迎え入れてくれた。

父と母の間には私を頭に3人の女の子が生まれた。父は地元の会社で働き、母は内職で家族の生活を支えた。豊かではないけれど、家族5人の幸せな暮らしだった。

私が12歳のとき、その暮らしが激変した。大叔父は商売をやっていた。その商売が傾き始めると資金繰りのために借金をするようになった。父は世話になった大叔父のために喜んで連帯保証人となった。しかし、大叔父は銀行から借りたのではなく、怪しげな業者からお金を借りていた。ほどなく商売が破綻すると、大叔父は多額の借金を残したまま蒸発してしまった。

そのときから、我が家や父の職場に連日のように押しかける借金取りに怯える日々が始まった。父は給料が差し押さえられ、昼間は、借金取りが母と女の子しかいない家に押しかけてきて、「娘を東京の夜の街に売り飛ばせば一瞬で借金は消えるぞ」と母を脅迫する。中学1年になっていた私は、恐ろしくて家を出られず、学校へも行けない。

当時は悪質な取り立てを取り締まる法律はなく、金利も驚くほど高い時代だった。銀行ではない貸金業に対しては、利息制限法で金利の上限が貸付額に応じて年15~20%とされていた。ところが、もう一つの出資法では、上限金利が年109・5%と決められていた。貸金業は上限金利を超えてお金を貸すことはできない。しかし、出資法の上限が高く設定されていたため、年109・5%までなら貸し手は法律で罰せられることはなかった。利息制限法の上限金利と出資法の上限金利の間はグレーゾーン金利と呼ばれ、法律の不備により、この金利帯でお金を貸す業者は後を絶たなかったのである。サラ金地獄が社会問題となり、テレビでは、借金の取り立てに苦しめられて無理心中をした家族のニュースが流れていた。私も、寝ている間に、父が家族みんなを殺しにくるのではないか、いつか私も死ななければならないのではないかと、つい考えてしまう地獄のような日々が続いた。

2人の恩人

そんな窮状を2人の方が救ってくれた。

1人は中学校のK先生である。先生は、登校しない私を心配して、自宅を訪ねてくださった。母は、借金取りに苦しめられているとは言えないので、風邪をひいているなどとその場をつくろった。しかし、先生は、そのあと何度も心配して来られ、ついに母は泣きながら窮状を告白した。すると先生は、「絶対に誘拐なんかさせないからな」と、毎日登下校に付き添ってくださった。そこで、私はようやく学校に行けるようになった。

もう1人は、近所に事務所を構える弁護士の方だ。借金取りが「生命保険で返せ」と家の前で怒鳴ったり、貼り紙をしたりしているのを見て、様子を見に来てくれたのである。事情を聞いたO弁護士は、弁護士費用を取らずに、借金取りと対決してくれた。重い債務に苦しめられた人たちが救済を求めて起こした裁判の最高裁判決を盾に交渉してくれた。最高裁判決が出れば、国会は新しい法律制定に動き出す。O弁護士はその流れを見て交渉に当たったのである。交渉の結果、魔法のように取り立ては止んだ。

弁護士へのあこがれ

暴力よりも法律の方が強い。このことを目の当たりにした私に強い意志が生まれた。私も弁護士になりたい!!

とは言うものの借金は減額されただけで消えたわけではなく、我が家は極貧のまま。夕食のない日もあって、いつもお腹を減らしていた。同級生のほとんどが高校に進学するなか、私は「中学を出たら働きなさい」と言われていた。弁護士になるなど見果てぬ夢であった。そんな時、私が高校進学をあきらめようとしていたことを知ったK先生が、両親に談判してくれた。私はある全国模試で、数学で全国1位を取ったことがあった。

「全国1位の成績実績がある子を中卒で就職させるのはもったいない」

と言って、K先生は親の説得に乗り出してくれたのである。しかし貧困の中にある両親は、明日をどうしのぐかで頭がいっぱいで、母は「長女であるまさこが就職し、月にわずかでも稼いでくれることを楽しみに育ててきたのです。それを、高校なんて」と、なかなかうんとは言ってくれなかった。それでも先生は、

「彼女は将来絶対に親孝行します。ですから、高校に行かせてやってください。進学にかかわるお金のことはすべて僕がやります」

と、土下座までして両親を説得してくださった。

先生は、受験料の免除、奨学金や授業料免除の制度などを調べ、私を励ましてくれた。奨学金を出す育英会の面接を受けるときも、磐城市から県庁所在地の福島市まで、車で2時間かけて、先生が連れて行ってくださった。私は、その車中での先生からのアドバイス通りに「私はこの育英会の奨学金をもらったら、必ず社会のために役に立つ仕事をします」と答えた。首尾よく奨学金をもらえるようになったのは、先生のおかげである。

奨学金はもらえたものの、教科書を買うお金も、高校の制服を買うお金も、靴を買うお金もなかった。そこで、先生はアルバイトを探してきてくださった。先生の知人の眼鏡店でのアルバイトである。でも、中学生の女の子にできることは限られている。眼鏡店は整理整頓が行き届いており、日々の雑用もそれほどない。事の真相は、私を学校に行かせてやろうという、周

りの人たちからの「ご寄付」だった。それをアルバイトということにしてくれたのである。

この時支援してくれた方々には、現在も後援会の幹部として私を支えていただいている。

善意に支えられた学生生活

周りの人々の善意に支えられて県立磐城女子校に入学したものの、制服は母の手作りで、通学定期代もない私はアルバイトを始めた。K先生が見つけてくださった家庭教師のアルバイトである。高校1年生で家庭教師なんてと思われるかもしれないが、中学3年生の時に全国模試の数学で全国1位をとった実績をウリにして、先生は家庭教師の口を見つけてくださったのである。こうして、私は一年後輩の女子中学生に勉強を教えることになった。

家が貧しく、1年生から家庭教師のアルバイトをしている私に、普通の高校生活、花の女子高校生の毎日は望むべくもなかった。ブラウスは古びてねずみ色、テレビがないので人気番組の話題にもついていけない。もっとも辛かったのは放課後の部活動をあきらめなければならなかったことだ。テニス部に入りたかったのだが、コートで練習する級友を横目にしながら下校し、家庭教師やスーパーの惣菜売り場でのアルバイトをする毎日であった。

そんな毎日でも、私の弁護士への夢は消えるどころかますます強くなり、授業料免除の制度がある東北大学法学部へ挑戦することを決めた。高校の進路指導の先生からは、データがないので受験指導ができないと言われたが、弁護士になりたい一心で勉強し、幸いなことに現役で合格することができた。文系である法学部の受験生の中では数学が得意だったことも有利に働いたと思っている。

大学では授業料も免除され、奨学金も受けることができた。仙台市はいわき市から鈍行電車で3時間半はかかる。アパートに入居しなければ学校に通い続けることは難しい。しかし、民間アパートの家賃相場は当時3万円前後であり、お金のない私にとってアパートを借りることは無理な話だった。幸い、女子寮（如春寮）に入ることができた。光熱費込みの寮費は、食事なしでわずか2400円であった。男子寮には食堂があったが、女子寮は共同のキッチンで自炊するシステムだった。寮生たちと協力して料理を作り、風呂も共同だった。寮生は朝昼晩と一緒なので、まるで姉妹のように仲良くなった。家からの仕送りが一切ない私は、寮の掲示板を見てはアルバイトを探した。在学中に100種類以上のアルバイトをした。多くのアルバイトをしていても学業を疎かにすることはなかった。弁護士への夢が私の学生生活を支えてくれた。

2．弁護士として消費者を守る

司法試験への挑戦

弁護士への夢をかなえるためには、司法試験という難関を突破しなければならない。旧制度の司法試験での二次試験合格率は2％前後、競争率は50倍。法学部の講義を受けていただけで合格できるような試験ではない。私は、大学卒業後、上京して司法試験対策に専念することを決心した。しかし、現実は厳しい。司法試験予備校に行き、パンフレットを見た私は愕然《がくぜん》とした。授業料が年間100万円を超えていたのである。私には到底払うことのできない金額である。しかし、ここで諦めるわけにはいかない。

私は事務所に入ると、学院長に必死で訴えた。無意識のうちに体が動いてしまったのである。

「私は弁護士になって、私の家族のような借金に苦しむ人たちを助けたいのです。でもここの授業料が高くて払えません。私を雇ってくれませんか？　ここで働かせてもらいながら、授業に出ることはできないでしょうか？」

すると学院長は「変わった子だね。面白い！　よし明日からおいで」と話され、

「ただし、仕事はちゃんとして欲しい。空いた時間を利用して授業に出なさい。それと、授業

料を無料にすると君のためにならない。司法試験に合格したら全額返済するという契約を結ぼうじゃないか」

とまで言って下さった。世の中には懐の深い人もいるものだと、信じられない気持ちだった。帰り道、だんだんと嬉しさがこみ上げてきた。

こうして、司法試験予備校で働きながら授業に出て、弁護士を目指す日々が始まった。仕事の方では、講座の企画を提案したところ採用され、好評価を受けるということもあった。予備校の人々に支えられ、励まされた私は、5回目の挑戦で司法試験に合格することができた。

ニューヨーク留学

晴れて弁護士になった私は、消費者弁護を主とする仕事を始めた。しかし、こうした裁判の依頼人の多くは、貧しかったり、騙されて財産を失ったりしている人が多く、十分な弁護士費用を払えない。そのため、消費者弁護を専門にやる弁護士は少ない。しかし、私はこの弁護に使命感のようなものを感じた。12歳の時に借金取りに泣かされた経験が、そうさせたことは間違いないだろう。様々な消費者事件を担当しているころ、アメリカ留学の機会が巡ってきた。日弁連はそのころ留学制度を創設していた。主に人権保護の活動をしている弁護士を海外に留学させ、国際社会の最先端の動きや成果を取り入れるのが目的だった。諸外国の消費者保護の制度を学ばせることは日本の国民のためになると日弁連は考えたのである。

そのころ、私は結婚し妊娠していた。ある日、大手弁護士事務所に勤めている夫が、日弁連の留学制度のパンフレットを私に持ってきた。当初、子育てをしながら留学するのはどう考えても現実味がないと思った。しかし、留学は私がさらに飛躍するうえでも、またとないチャンスだった。当然、夫も賛成してくれた。全国からの希望者の中を勝ち抜いてニューヨーク行きが決まった時、私は妊娠9か月となっていた。1999年、私は生まれたばかりの娘を抱えて、単身ニューヨークに留学した。

ニューヨーク大学ロースクールの授業料は年間300万円である。授業料は日弁連が出してくれるが、生活費は自費で、夫の仕送りだけが頼りだ。ニューヨークの治安の悪さを心配した夫は、比較的安全と思われる国連ビルの近くにアパートを見つけてくれた。私は、ベビーカーを押し、地下鉄に乗って、毎日ロースクールに通った。このアパートには、当時、国連高等難民弁務官を務めておられた緒方貞子さんもお住まいだった。朝などによくお会いしたものである。緒方さんは2019年に、惜しくも亡くなられた。改めてご冥福をお祈りしたい。

ニューヨーク留学の目的は、当時世界で最も進んでいたアメリカの消費者保護の制度を学ぶことだった。アメリカでは、1970年代にラルフ・ネイダー（弁護士、消費者運動家）から始まった消費者保護運動が、数々の保護制度を生み出していた。ラルフ・ネイダーは、1965年に、著書でゼネラル・モーターズの欠陥車を告発して有名になった人物である。消費者保護制度のなかでも私が最も注目したのは「不当利益の吐き出し制度」だ。この制度は、違法な事業によって事業者が不当な利益を得、消費者に損害を与えた場合に、行政機関が被害者（消費者）に代わって事業者を提訴し、違法に得た利益を吐き出させて被害者に分配する制度である。この制度を運用するために、ニューヨーク市消費者保護局に所属する大勢の弁護士が市民からの相談に応じており、無料で企業などへの告訴を起こすことができた。

私が担当したココ山岡のダイヤモンド詐欺《さぎ》事件*1では、被害者側が勝訴したものの、ココ山岡が破産して不法な利益はどこかに消えてしまい、被害者への弁済はごく一部になってしまった。「日本にも、こんな制度が欲しい」。私はこの時に、率直にそう思った。

ニューヨークで消費者保護について学ぶうちに、「消費者庁」をつくりたいという思いが湧き上がった。ニューヨークの事例のように、アメリカでは消費者被害の予防や救済に、行政機関が主要な任務を果たしている。環境保護のために「環境庁」があるように、日本でも消費者保護のための「消費者庁」をつくるべきだ。信念となったその思いを持って、私は帰国した。

消費者保護のために

２００５年の３月、信念を実現するチャンスが巡ってきた。私は、内閣府金融庁に2年間の任期付国家公務員として任官した。２００１年、大蔵省が財務省と改称され、金融行政は新たに設けられた金融庁が担うことになった。大蔵省接待汚職事件（１９９８年）で処分された官僚と１００名の弁護士が集められ、金融庁はスタートした。そこに私も応募して任期付きながら採用されたのである。

金融庁で、私はノンバンクの貸金業規制法の改正作業を担当した。メインの仕事は、それまで野放しになっていた貸金業者を規制する法律を作ることだ。なかでも最も重要だったのはグレーゾーン金利の規制である。当時、金利の上限について、利息制限法では、10万円未満は年20％、10万円以上１００万円未満は年18％、１００万円以上は年15％と金利の上限が定められていた。ところが出資法では29・２％を金利の上限としていた。すでに述べたようにこの法律の二重基準がグレーゾーン金利帯を作り出していた。グレーゾーン金利は法律の欠陥の産物であり、返済能力を超える多額の借金は、このグレーゾーンから生じていた。

私の使命はグレーゾーン金利の撤廃で、そのためには既存の貸金業規制法の抜本的改正が必要だった。私が入庁してすぐの3月に、改正案作りのための「貸金業制度等に関する懇談会」

が開かれた。しかし、業界の反対は頑強で、当時業界寄りと言われた金融庁も重い腰を上げようとはしなかった。懇談会は7月以降、閉店休業状態になった。この状況を打開するために、私は8月に、先進地域調査のために海外に渡った。10日余りの強行日程で、ワシントンDC、ニューヨーク、ロンドンの三都市を訪問し、調査を行った。

なかなか進まない法改正に追い風が吹き始めた。2005年9月の総選挙（「郵政選挙」）で自民党が圧勝。翌2006年の1月から3月にかけて、グレーゾーン金利での貸し出しを容認していた「みなし弁済規定」を否定する最高裁判決が立て続けに出た。「みなし弁済規定」とは、本来の上限金利を超過して支払った部分について一定要件のもとに有効とみなす規定である。さらに、法令違反を繰り返していた貸金最大手に対して、金融庁が業務停止命令を出したのだ。

同年4月、懇談会座長の中間整理が取りまとめられ、グレーゾーン金利撤廃の方針が固まった。しかし、業界団体はこの方針に猛烈に反発してきた。さらに、金融庁は懇談会の提案を無視し、グレーゾーン金利撤廃方針を骨抜きにする特例案を出してきた。この金融庁案に激怒した自民党政務官は、断固反対を表明して辞任した。政務官の辞任は社会的反響を呼び、マスコミは金融庁を批判した。結局、金融庁は特例案を撤回し、貸金業規制法（「貸金業の規制等に関する法律」）改正案は、12月13日、ついに国会で可決・成立した。

自民党政務官が抗議の辞任をした時、「なんとしても、グレーゾーン金利を撤廃」するとがんばっていた自民党の若手議員たちが、私にはヒーローに見えた。そして、既存の法律では解決できない不条理と戦うためには、法律に縛られる金融庁のような行政機関で働くのではなく、国会議員になるのが一番だと思うようになった。「消費者庁」を作るために、国会議員にならなくては。貸金業規制法（2007年12月19日より正式名称は「貸金業法」）の改正法成立で、12歳から抱えていた私の宿題の1つをやっと終えた気がした。しかし、私の中では新しい意欲が生まれ始めていた。

次のステージへ

2006年に、福島県知事が贈収賄事件で逮捕され、辞職する事件が起きた。そこで行われることになった県知事選挙の候補者として森をという話が降って湧いた。自民党が、金融庁に優秀で元気のいい女弁護士がいる、確か福島県出身だ、じゃあ彼女を立てようと。今日、私があるのは、生まれ育った福島県の方々の助けがあればこそで、受けた恩は返さなくてはならない。今がその時と、知事選挙に立候補した。新人で無名の私は知事選挙には落選した。しかし、知事選で浸透した名前を活かし、翌年の参議院議員選挙に立候補し、当選した。

参議院議員になった私は、消費者庁をつくるという公約を実現するための活動を開始した。当時の自民党幹事長中川秀直議員のもとに挨拶に伺い、説得を試みる。幹事長は私の熱弁に降参したのか、設立することを承諾した。その後、２００７年11月に、消費者庁を設立するための事前組織として野田聖子議員を会長とする消費者問題調査会が立ち上げられた。私は調査会の事務局次長として活動することになる。調査会は精力的に活動した。第18回目の会議で「消費者行政のあり方に関する最終とりまとめ」を作成し、当時の岸田文雄消費者行政推進担当大臣に提出。２００８年９月19日に消費者庁設置関連三法案を閣議決定し、麻生内閣発足直後の９月29日に国会に提出した。審議は２００９年の３月から開始された。審議時間は非常に長かった。参議院も含め合計88時間の審議を経て、5月末に消費者庁設置関連三法は無事に成立した。そして、同年９月１日に消費者庁は発足した。

消費者庁が発足して半月後、民主党政権が誕生した。しかし、民主党政権は３年４か月の短命に終わり、２０１２年12月、自民党は再び政権の座についた。その時、当選１回の議員であるにもかかわらず、私は内閣府特命担当大臣（消費者及び食品安全、少子化対策、男女共同参画）に就任した。

２０１９年10月31日、法務大臣を拝命する。法務大臣としての職務は、法務省ホームページをご覧いただきたい。

今後も女性国会議員の仲間とともに、女性、子ども、全ての弱者のために尽くしていきたい。

＊1　株式会社ココ山岡宝飾店は、経営困難な状況にもかかわらず、購入者から5年後に買い戻すという特約をつけて販売していた。この行為が詐欺罪にあたるとして捜索を受けた。その後、ココ山岡は債務超過に陥り、1997年に自己破産を申請。2007年に破産手続きは終結した。負債総額は約526億円。

Profile

森まさこ

（もり・まさこ）

1964年、福島県生まれ。貧困家庭に育ち、働きながら東北大学法学部を卒業。司法試験に合格し、弁護士になる。「ココ山岡事件」などの消費者事件で辣腕をふるう。1999年、日本弁護士連合会の推薦で、出産したばかりの長女を連れて渡米し、ニューヨーク大学に留学。2005年、官僚として金融庁に入庁し、貸金業法改正を担当、その後、総務企画局企画課信用制度参事官室課長補佐、信用制度参事官室課長補佐を務める。2006年、10月金融庁を退職。2007年、参議院議員選挙に出馬し当選。同年、消費者問題調査会事務局次長に就任し消費者庁設置に携わる。2012年12月、第2次安倍内閣において国務大臣（消費者、少子化、女性活躍等）に就任。2019年7月の参議院選挙で3選。同年10月31日、法務大臣に就任。

ホームページ

フェイスブック

My Activities

家族は貧しくもとても仲良く暮らしていました。

二児の母として育児にも奮闘

司法試験合格

弁護士時代

大震災直後、予算委員会での涙の質問(2011年)

金融庁時代

NYU留学時代に同じアパートに住んでいた緒方貞子さんと国会議員として再会

毎年3月11日に仮設住宅に泊まっている。

1回目の入閣（少子化大臣）（2012年）

キャロラインケネディ大使と、宇宙飛行士の山崎直子さんなどと

法務大臣に就任（2019年）

台風19号による被害を調査するため福島県中をまわる（2019年）

本会議（2020年）

Chapter 6

太田房江

女性の「俯瞰する力」が新しい時代を作る

FUSAE OTA

縮む社会と漂う不安

日本の社会全体を、心理的不安が、まるで見えない低周波のように覆っている。

前回の選挙戦（2019年）で、選挙区・大阪の地方都市で街頭に立つ私の目に映ったのは、この「不安の影」だった。

ショッピングセンターの前は昼間でも人影がまばらで、お年寄りがわずかに歩いているだけ。とにかく若者の活気が見当たらない。4年前のアメリカ大統領選で注目された「ラストベルト」のような、失業に苦しむ街のような荒廃があるわけではない。しかしそこには、そこはかとない、だから消し去ることのできない不安が重く漂っていた。

この社会全体を覆う言いしれぬ不安こそ、課題先進国・日本の静かなる国難を物語っている。この国の未来に対して誰もが本能的に感じている不安。その不安が、具体的な映像となって人々の目に映るようになってきたのではなかろうか。

この不安を突き詰めれば、すなわち少子高齢化である。2019年の出生数は約86万人と、100万人を大きく切るところまで落ち込んだ。[*1] そして、日本の労働生産性はOECD（経済開発協力機構）36か国の中で21位。主要先進7か国（G7）では、1970年以降、最下位の状況が続いている。[*2] とすれば日本の経済規模は縮小し続けていく可能性がある。

今の日本は不安が不安を呼ぶスパイラルに陥っているのではないか。ふと自分に目を転じれば、そこには老いていく不安、一人になる不安、経済・収入への不安、医療への不安など、地域や境遇によって様々な不安・懸念が横たわっている。

私たち参議院の自民党議員は、人々が感じるこうした不安・懸念に、政治家として丁寧に寄り添い、厳しい現状に目を向け、人々の声を聞き、現場を歩き、解決策を探る勉強会を続けている。その成果として、12月3日に「不安に寄り添う政治のあり方勉強会」（座長・世耕弘成参院幹事長）の中間報告を発表した。

報告書は地域医療に対する不安解消の施策を提案し、独居高齢者の孤独死の問題や地域の消滅・崩壊の問題にも言及しているが、この報告書の策定過程で高齢化、少子化と地域社会の衰退がつまびらかに論じられたことの意義は大きい。

その中には、かつてならリベラルな政党が掲げていたような施策も含まれているが、世界に類を見ない速さで進む少子高齢化という国難を前に、保守もリベラルもあるまい。打てる手はすべて打たなくてはならない。

全体を俯瞰する視点の重要さ

この勉強会で私が指摘したことは、このような広範な課題研究には、物事を大きく俯瞰する視点が必要だ、ということだった。例えば、日本の将来的な国土計画と地域コミュニティーのあり方を検討する場合、そこには極めて多岐にわたる要素が絡みあう。通信システム、交通インフラ、医療インフラ、教育システム、財政状況、行政システムなどなど。さらに、人々と地域が持つ文化背景などが複雑に絡みあっている。

このような、様々な要素の連なりを議論するときに必要なのは、まずはその全体像を把握する、俯瞰する視点のはずだ。しかし、それぞれの要素、すなわち分野ごとに専門家や担当者がいて、議論は縦割りの、よく言えば専門的議論によって進められる。

なにぶん、わかりやすさが求められる時代である。「ワンワードポリティクス」とか「ひとつの制度ですべてが変わる」といったポピュリズムも垣間見られる昨今であるが、そんなにシンプルに物事を動かせるなら、日本は平成の30年間、停滞することはなかったであろう。政治・行政の現場に半世紀近く身を投じ、複雑な社会の力学を目の当たりにしてきた私には、縦割り化してそれぞれがそれぞれの領域の中だけで言いたいことを言い、議論を単純化することに、いつも違和感を感じていた。

最近では例えば、地域振興と次世代通信インフラの問題。これは全国を４５００区画に分けて鉄塔などの施設を建設し、５Ｇ（第五世代移動通信システム）を普及しようというものだが、当然、人口が多いところも少ないところもある。工業集積地もあれば、のどかな田園地帯もあろう。このように条件が異なる地域に対して、投下する予算を効率よく使おうという発想が必要であることは言うまでもない。

私は経済が専門であるが、投じる資金の費用対効果を求めるのは基本中の基本だ。私が大阪府知事を務めたときも、同じように大阪市と府の予算構造の矛盾の解消を進めたつもりだ。５Ｇ関連の予算でも、同様にコストパフォーマンスが求められ、スケールメリットの働く拠点整備が次なる波及を作っていく、というのが本筋ではないか。

地方創生が重要であることは言うまでもないが、国会議員は本来、自分の関係する地域のみでなく、事案全体に目配りした上で、最も効果的な施策を講じる、という発想が必要だ。それは事案全体を俯瞰する視点を持つことであり、それがひいては施策のスピードを上げ、自分の関係する地域にもはね返ってくることになる。

女性の強みは「俯瞰」できること

このような全体を俯瞰する能力は、ひょっとすると男性よりも女性の方が勝っているかもしれない。

かつて自民党女性局で議論をした際、興味深い話を聞いた。男性の看護師の方は、確かに個別業務では優秀なのだが、実は周りがあまり見えていないことがある。例えば、担当する対象の人は見えているが、すぐ隣の人が何かを訴えていても気がつかない。一方、女性の看護師の方は、何かに集中していても、なおかつ周囲に気を配ることができる、あるいは周りが視野に入っていて、あっちもこっちも対応できるのだそうだ。

「男性脳」「女性脳」という言葉もあると聞く。最近の脳科学は男女差に批判的とも聞くが、それぞれの特性は、仕事や生活の中で読者の皆さんも感じてこられたと思う。あくまで私見だが、男性は自分の専門範囲への集中力は極めて高く、その分野では優秀だが、それ以外のことには意外と無頓着。女性は合理的に割り切るのが苦手なところもあるが、複数の仕事を同時にこなすのは得意だ。それは、女性が持つシームレスに繋がっていくマルチな視点があるからで、これこそ「俯瞰すべき時代」に必要な能力ではないだろうか。

政治や行政の世界も同じである。例えば、消費税率が10％に上がった後に、10月の乗用車の販売台数が前年比25％減少した。*3 それを自動車の担当ではない経産省のある幹部に確かめたところ、「わかりません」という返事が返ってきて驚いたことがあった。また、私は様々な分野のブログを書いているが、資源エネルギー庁の動向や政策決定事項を取り上げると、中小企業庁の人から「省内のことがよくわかった」とお礼が来たりする。つまり、みんな自分のやっていることにはしっかり頭が回っているが、俯瞰ができていない。

私は、「日本を俯瞰して見つめ、日本を考える」、これが政治家の仕事であり、女性議員の飛躍の鍵もここにあるのではないかと考えている。

コンパクトシティー構想と俯瞰する力

国土交通省を中心に進められている「国土のグランドデザイン２０５０」という構想がある。これは、少子高齢化によってもたらされる人口減少と、人口の偏在化を前提に、新しい国土作りのモデルを検討しようとするもの。

この構想の根底にあるのは、戦後一貫して繰り広げられてきたアメリカ型の車社会をモデルにした、拡大一辺倒の都市ネットワーク型社会の見直しである。経済成長と人口増を前提として作られた地域インフラを、今後、無条件に支える力がもう日本にないのは明白だろう。

では、この「縮小」する国土で、どう地域を作りなおすのか。その一つの答えとして提起されているのが「コンパクトシティー」であり、2014年には「改正都市再生特別措置法」が成立した。人口減少が進む中で、様々なインフラ整備が適正に行われるよう、既存の市街地に線引きをし、居住誘導地区・都市機能誘導地区を設定して、市街地を集約化・コンパクト化することを狙ったものである。

これは「中核タウン構想」と言えるものかもしれない。国際的な競争に打ち勝つために、東京・名古屋・大阪圏をメガリージョン（21世紀型の大都市圏）として機能集約する一方、現在の県庁所在地等を中核タウンとしてネットワーク化し、その中核都市に連なる中小都市を含め、コンパクトシティーとして集約化するというものだ。

この構想は、地方創生の考え方とぶつかる面も当然出てくる。例えば、極端に人口が減少し続ける地域で、この地域をコンパクトシティに集約するために、交通網整備の予算を削減するという方向が示された場合、その地域の道路整備が滞ったり、鉄道が廃線になるようなことになれば、住民は大きな不利益を被ることになり、反対の声があがるだろう。

それだけではない。「国土の構造を動かす」ことは、「そこに生きる人々の暮らしを動かす」ことであり、その生活を成立させているすべて、すなわち医療、教育、金融、行政、地場産業、商業施設、文化施設等すべての立地を考え直すことを意味する。この幾重にも重なった生活機能のネットワークを解きほぐし、その全体を最適に編み上げることは、従来の縦割り行政では到底できない。全体を俯瞰して、複合的な議論が必要なことは明らかであるが、そんな時、生活者としての視点を持ち、しがらみのない女性政治家の能力が発揮される、と私は信じている。

国民が将来について感じている不安のかなりの部分は、医療に関わるものであろう。そして、現在の地域医療が抱える問題点の多くは、都市と地方における医師と医療機関の格差に起因している。

まず、地方の医師をどう確保するか。医師が地域で活躍するためには、その家族の生活や教育、あるいは医師自身の能力の向上が実現できる環境づくりにも意を払う必要がある。医療機関には公的セクターと民間セクターがあるが、医師をはじめとする医療従事者たちの力を統合し、地域住民への健康サービスの提供と、医師としての望ましい環境づくりとを両立させなくては、結局は質の高い医療サービスも受けられないことになる。

視点を私たち住民に移すと、その不安は大きく2つに絞られる。最も大きいのが医療機関へのアクセスの不安、そして地域医療の質への不安である。自分が居住する地域で、緊急時にも対応してもらえるのだろうか、必要十分な医療行為を受けられるだろうか。この2つの不安は、

取り も直さず冒頭で挙げた、医師と医療機関の地域間格差の問題に帰着する。

コンパクトシティーが目指すべき大きな課題の1つは、この医師、医療機関、地域住民という3つの主体が、どうやってスムーズに意思疎通をはかり、連携するようにできるかだ。5G時代になれば、医療機関に足を運ばなくとも、高速回線とAIによる定期健康チェック、高度医療センターと直結した遠隔治療など、ITCを活用することで実現できることは多いだろう。

そして、そこにさらにリンクされるものが、介護・福祉、健康、防犯などなど多岐にわたる機能である。このコミュニティーの情報拠点こそが、コンパクトシティーを成立させる文字通りの拠点となる。そして、この拠点を運営する能力こそ、生活者としての視点を広く生かせる女性に備わっているものではないだろうか。

いかに地域経済を成長させるか

今、日本経済は剣が峰とも言える局面に立たされている。労働生産性も実質賃金も、他のOECD諸国に水をあけられるようになった。例えば、今や世界のベスト30に入る企業はトヨタ1社だけである。内閣府は、第5期科学技術基本計画で、我が国が目指すべき未来社会の姿としてSociety 5.0を掲げているが、それを実現するためには、IoT、ロボット、AI（人口知能)、5Gなど、先端技術の研究が欠かせない。世界各国がしのぎを削っている分野であり、日本も当然ここに力を入れていかなければならない。

しかし、何をやるにも必要なのが財源である。財源のないところには福祉も教育も投資も起こらない。財源を生み出すのは経済社会の活性化のみ。経済成長のないところに財源は生まれない。

もう一度、深刻な現状を直視してみよう。日本創成会議が提示した消滅可能性都市の中に、私の地元大阪は、43市町村のうち10余りが入っている。消滅都市というと、一般的には過疎化の進む地方の市町村をイメージしがちだが、大阪のようなメガシティでも、郊外では同じことが起こっているのだ。

大阪でいったい何が起こっているのか。例えば東大阪市。ここは中小製造業をはじめとした「中小企業の街」として、日本の高度経済成長を支えてきた街である。精密部品の最後の磨きに独自技術を使う、そんな先進的アナログ技術の街でもあった。その街の経済が沈んでいる。年収300万円未満の世帯が37%(全国平均は33・6%)*4。多くの製造部品が中国やベトナムなど人件費の安い国から関空を通って入ってくるようになった。

大阪府で第三の都市にしてこの現状である。そんな街からは、若い世代が大阪市に移っていく。かつて52万あった人口も現在では49万人[*5]に減少し、まだ歯止めがかかっていない。

「令和型」の地域活性化は独自性から

では、大阪の地盤沈下を止めるには、どうするべきか。ここでもう一つ指摘しておきたいのは、高度成長期以降、東京などに本社機能が次々と移転していったことである。大阪府外へ拠点を移す企業数が、府内に来る企業数を上回る「転出超過」は、近年減少傾向にあるものの、この国内的な事情を直視せずに再起動の方策は語れない。

ただ、グローバル化による空洞化や東京への本社機能移転の問題も、突き詰めていくと、国土の均衡ある発展をめざしたこれまでの地方活性化策が「東京のクローン」を増やす結果になってしまった側面は否めない。そして本格的な人口減少の時代が、東京や世界に出て行くヒトやカネを引き留められない悪循環を加速している。

新しい「令和型」の地域経済戦略は、東京、あるいはアジアの他都市といかに差別化した強みを発揮できるかが重要である。アメリカの都市部も、金融の東海岸、ＩＴの西海岸と、それぞれ個性があるように、大阪は大阪独自の方向性を官民一体で目指し、具体化への施策を進めるべきである。

その観点からすると、福岡は頑張っているな、と思う。２０１５年に神戸市を人口で上回り、あのＬＩＮＥをはじめとするＩＴベンチャー、スタートアップ企業が続々と集積。国内外の若い人材も集まり、「日本のシリコンバレー」とでも言うべき地位に近づいている。

昭和期の福岡市は、北九州市という工業都市が近接したため、工業化には遅れをとったものの、逆にサービス産業やＩＴなどに活路を求め、官に頼らず、民間主導で創意工夫を重ねて今日の姿に結実している。まさに独自性を追求してきたわけだ。

翻って、我が大阪の強みはどこにあるだろうか。企業は、伝統的にイノベーターの素質、それこそ「遊び心」の気風を持ち、これまでの時代を切り開く先頭に立ってきた。高度成長期に、ナショナル、三洋電機、シャープなどが「三種の神器」（白黒テレビ、洗濯機、冷蔵庫）を作ってヒットさせた歴史をご記憶の方も多いだろう。

大阪人が培ってきたＤＮＡを再確認した上で、令和の時代、大阪らしいクリエイティビティーを生かした成長の活路は何か？

１つは「文化」。大阪は、言わずもがな上方落語、文楽、漫才、吉本興業などの笑いの伝統を誇る。一方で、日本には世界クラスの大型スタジオがない。だから、日本とアジアのクリエイターたちが集結するハリウッド的な街づくりも一案だ。もう１つは「食」。イタリアの食科学大学のように、ガストロノミー（美食学）を専門的に研究するような高等教育・研究機関を設置する。和食は、２０１３年にユネスコの無形文化遺産に登録されており、関空経由のインバウンド上乗せも期待できる。

万博の追い風を生かして、大阪の個性を発揮した将来像をいかに実装できるか。芸と食。「芸事の街」「食い倒れの街」「天下の台所」と呼ばれた大阪の面目躍如となるだろう。

大阪は万博レガシーを生かす

そして、令和初頭の大阪の最大の強みは、何と言っても大阪・関西万博の開催決定に尽きる。官民を挙げて誘致に成功したことで、ヒトとカネが再び大阪に集まる流れが起こるだろう。これは世界的に見てもビッグチャンスだ。

しかし「東京のクローン」を目指したのでは、前回の大阪万博の後の繰り返し。祭りのあとの70年代以降、東京に企業が移転するなどした失敗を繰り返しかねない。２０２５年の万博はゴールではなく、スタートにすぎない。何としても、万博のレガシーを最大限に生かさなければならない。

万博は、人類が求める「健康長寿」をテーマに掲げている。世界最先端の少子高齢化に直面するわが国だからこそ、国民、府民だけでなく、世界、特にアジアに対する貢献が大きい分野だ。

私は、この間ずっと、大阪・関西に健康・医療分野の基幹産業育成を、と訴えてきた。例えば「国際健康長寿センター」（仮称）のような国の機関を創設し、ここを情報受発信基地として新産業創出を図っていくのはどうだろうか。

これからの高齢化社会、AI（人工知能）を活用したヘルスケア、メディカルケアで健康寿命を延ばすことが期待されるが、例えば、センターでは、世界各国で効果があると伝承される「医療」や「健康法」について情報収集し、これらがなぜ人体に有効なのか、研究し発信する機能を持たせる。

世界随一の医療・健康データの蓄積地となれば、医療関連の人材、病院や研究機関、製薬をはじめとする様々な分野の企業が大阪・関西に内外から集積するようになる。そして、既存の在阪企業とも連携した新たな事業展開も起こるはずだ。「健康長寿」と「観光」をつなげれば、医療ツーリズムも大阪の新たな魅力になろう。

大阪らしい独自性や強みを最大限に生かし、万博の効果をできるだけ持続可能にしていく。これこそが万博の本当の意味での成功であり、レガシーを生かすことである。このことを訴えながら、これからも活動していきたいと思う。

○本文中の統計データの出典
＊1　出生数は、厚生労働省「令和元年人口動態統計の年間推計」。
＊2　労働生産性は、2018年、公益財団法人日本労働生産性本部資料。
＊3　日本自動車販売協会連合会、全国軽自動車協会連合会資料。
＊4　2018年。厚生労働省資料。
＊5　2020年2月1日現在。東大阪市統計資料。

Profile

太田房江

（おおた・ふさえ）

・東京大学経済学部卒業後の1975年、通産省（現・経済産業省）入省。
・1997年から2年、岡山県に副知事として出向。
・2000年、大阪府知事選で初当選（全国初の女性知事）、2期8年府知事を務める。知事時代の2007年8月、関西国際空港第2滑走路を完成。関西のゲートウェイとしてインバウンド増加の起爆剤となった。また、1兆円を超える企業誘致や新名神などのインフラ整備に注力し、新時代の大阪を築く基盤を作った。
・2013年の参院選で初当選（全国比例代表）。厚生労働大臣政務官、自民党女性局長などを歴任。
・2019年の参院選では大阪選挙区から立候補し、再選を果たした。
〈参議院〉経済産業委員会理事、予算委員会委員。
〈自民党〉経済産業部会 部会長代理、参議院 政策審議会副会長。（委員、役職は2020年1月現在）

ホームページ

フェイスブック

My Activities

全ての女性が平等に活躍しやすい環境をつくる！

自民党女性局長として　新たなプロジェクトを立ち上げ。

- 「女性未来塾」（あらゆる女性が参加できる 女性のための政治講座）
- 「いどばたキャラバン」（全国津々浦々、幅広い年齢層の女性達と膝をつき合わせて対話を重ねる）

2018/5/1「女性未来塾」
第1回講師は、「育休取得」を宣言した小泉進次郎現環境大臣

2018/3/18
石川県津幡町で開催した「いどばたキャラバン」

「社会の宝、未来への希望」子どもたちを守る！

大阪は虐待相談件数ワーストワン。
児童相談所の体制強化などにより虐待の根絶を図るとともに、「総合的な子どもの安全対策」を推進。切実な現場の声に応えていく。

2017/10/4
『虐待はさせない！』
自民党女性局長として、
虐待撲滅を街頭で訴えた。

ひとり親寡婦控除実現で「山が動いた」。
子育て支援を大きく充実させて、少子化という国難を克服する。

2019/11/27
“離婚・死別のひとり親”に適用されている寡婦(夫)控除を“未婚のひとり親”にも適用するよう、「女性議員飛躍の会」で関係各所に働きかけた結果、「令和２年度税制改正大綱」に、要望どおり盛り込まれた。

万博の成功！
大阪に新たな
基幹産業をつくる！

大阪・関西万博は大阪の新たな「基幹産業」を育てるビッグ・チャンス！

世界各国の「健康寿命」や「伝統医療」の研究・受発信 など、大阪を「いのち輝く未来社会のデザイン」にふさわしい「医療・健康産業」の世界拠点に。

2018/6/7 新橋駅前で万博誘致活動

2018/6/9 万博開催予定地「夢洲」視察

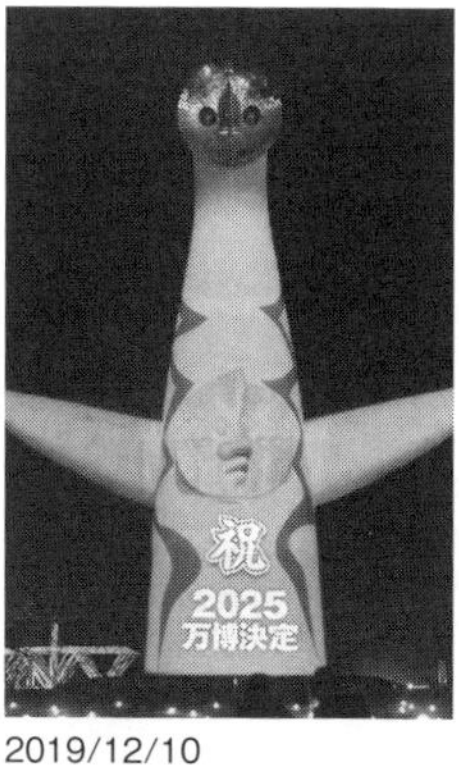

2019/12/10
万博公園内で開催された『イルミナイト万博』。
1970年大阪万博のシンボル「太陽の塔」がプロジェクションマッピングで2025年万博開催を祝福！

2018/11/23
BIE総会で大阪・関西万博の開催が決定した瞬間

インフラ整備を加速！

北陸新幹線・リニア中央新幹線の早期大阪延伸を実現。
ウメキタ再開発を国と大阪の連携で着実に。
大阪南部高速道路（大南高）をはじめとする高規格道路を早期整備。

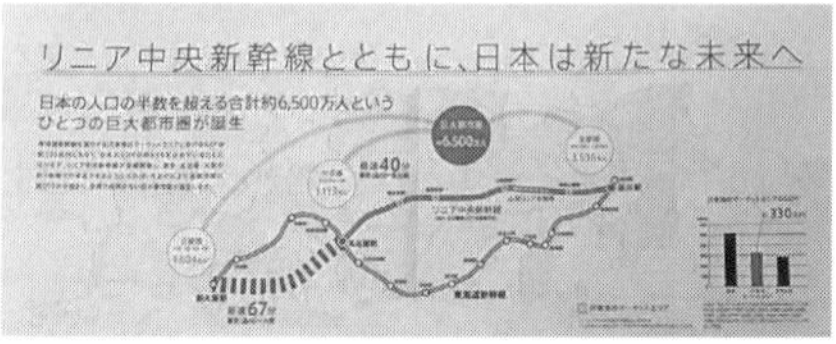

2019/12/25
奈良県で開催された「三重・奈良・大阪リニア中央新幹線建設促進大会」

2019/3/6 参議院予算委員会で、大阪南部高速道路（大南高）の早期整備等を訴えた。

2019/12/25
二階幹事長に、淀川左岸線２期工事及び臨海部インフラ整備に加え、大阪・関西、ひいては日本のさらなる発展につながる「アクセスの向上」「安全性の向上」「にぎわい・魅力の向上」を図る事業に対する支援を要望した。

災害に強い街大阪を次世代に！

河川・道路・橋・電気・ガス・水道などの老朽化対策を着実に。

2018/9/12
関西経済に大打撃を与えた台風21号後の関西国際空港を岸田政調会長と視察。タンカーが衝突した橋梁や冠水した第一滑走路を目の当たりにし衝撃も受けたが、復旧作業はスピーディーに進んだ。

2018/9/12
台風21号後の大阪「黒門市場」。いつもは前に進むことができないほど外国人旅行客で賑わっている市場も、台風の後はお客がまばらだった。

2018/9/7
台風21号による甚大な被害を受け、
・関空の１日も早い復旧、
・中小・零細企業の金融支援、
・復旧に当たる地方自治体への配慮、
・国土強靭化のための更なる予算・税制等の配慮
等を、安倍総理に要望した。

Chapter 7

高橋ひなこ

『身土不二』。
農業を守り、暮らしと日本の安全を守る

HINAKO TAKAHASHI

国会で日本のために、地方のために、「高橋ひなこだから発信できる」私の根っこというべき政治に対する思いをこの本で紹介したい。

言葉足らずのところは、お気軽に私の事務所やホームページを通じてお問い合わせいただきたい。「お天道様が見ている」との思いで政治に取り組んでいる私の推し進める政策の理解者になっていただければ政治家としてこれに過ぎることはありません。

政治活動の原点としての「食」

2012年から3期を務めている議員活動で一貫しているテーマは、公約としても掲げている「安全な暮らしを守る、日本の農業を守る、安全な日本の社会を守る」である。この三つの「守る」を実現するために共通するのが健康な心と身体作りであり、その原点が「食」である。

私の政治活動の原点は、この「食」にある。

私が20歳の大学生のとき、母が癌を患った。それまでの我が家は、「食」を大切にしているとは言えなかった。4代続く地方政治家の家で、みな忙しく、食事はお腹を満たせさえすればそれで十分だった。しかし、母の病気で家族の意識が180度変化する。母のために何ができるか、母の健康を取り戻すために何が必要なのかを家族みんなが探し求めた。そして、兄が集めた100冊近い医学関係、健康関係の書物の中の1冊が、私の意識を根本から変えることになる。

その時に出会い、尊敬している東城百合子先生（自然食・自然療法研究家）の『自然療法・食生活が人生を変える』がそれだった。この本の中で先生はこう書かれている。

「病気や具合が悪くなるというのはメッセージであり、今の食べ物、生き方、考え方が間違っていることを教えてくれる」

また、樹木の絵を使った説明もされていた。病は樹木の枝葉で起こっていることである、悪い枝葉を取り除いても、これまでの間違った食生活や生活習慣が同じであれば、つまり根っこが変わらなければ、また悪い枝葉が出てくるというのである。そして、本来は仏教用語だが、明治時代以降は人間の身体と土地は切り離せない関係にあり、その土地でその季節にとれたものを食べるのが健康によいという考え『身土不二』という言葉と出会った。

ここから私の学びが始まった。アレルギーもあまり注目されておらず、オーガニック食品についても知られていない時代に、我が家の食事から変えていった。可能な限り地元の旬のものを食べる。夏は体を冷やすものを、冬は温めるものを食べ、身体を作っていく。調理も自然な調理法で、健康を強く意識した料理を作り、家族みんなの弁当を作り続けた。結婚してから、子どもをおぶって様々な勉強会に通った。弁当作りは、今でも続けている。議員会館に手作り弁当を持ってきているのは議員では私1人ではないかと思う。

こうした学びの中で、人間の生活という木には「食」という幹があり、その下の根は大きく広がって農の世界に繋がり、さらに産業という裾野に広がり、その全体が地球環境の中にあるということを、実感として知った。

自然食、自然療法、オーガニック食品は、今でこそ多くの人々が知るところだが、私は、その黎明期から今日までの歩みを、ともに辿ってきたと自負している。

このように、「食」と「農」、生活の安心・安全、そして環境問題とは、決して理念ではなく、20歳から生活の中で学びながら続けてきた実践の結果なのだ。

私がここを変えなければと推進する三つの施策の骨子とは

自身の体験を通して学んだ「食」の原点を踏まえて、現在、私が関心を持ち、施策として形にしたいと考えていることは次の3つである。

1　自ら作る健康で医療費の削減を
2　介護軽減と自立支援を推進する施策を―寝たきりを作らないシーティング技術の普及
3　自助・共助・公助の福祉―生活保護世帯への施策

これらを大きく括れば、税金の使い道に関しての提案である。誤解を恐れずに言うと、現在の税金の使い方は、幹を見据えた施策とはなっておらず、あまりにも枝葉に偏りすぎているように思える。

1　自ら作る健康で医療費の削減を

確かに、近代医学の進歩には素晴らしいものがある。新しい治療が試みられ、新薬が作られ、新しい生命科学の発見が相次いでいる。しかし、医学の進歩にもかかわらず病院は患者で溢れている。糖尿病になる子どもが増える、精神疾患や癌患者も増加している、生活習慣病も減らない、寝たきりになる人も増え続けている。これが、現在の日本の医療をめぐる現状ではないだろうか。当然、それに要する財政支出も増加するばかりだ。人々の健康を実現・維持するために、現代の医療制度のほかに何かが足りないのは明白だ。

一つひとつの現場にはそれぞれ対処しなければならない現実があり、政治がそうした現実に対応するのは当然のことではある。しかし、そのような対症療法的な財政支出だけにとどまっていてよいわけがない。

ここで、我々は生活の場に立ち返らなければならない。一人ひとりが、自覚的に自身の健康生活を手にする必要がある。そこで指針となるのは、日本人が長い伝統の中で培ってきた健康への知恵であり、自然な食生活の技術であり、自身の自覚的な生活習慣の獲得である。

例えば、添加物や着色剤まみれの食品はやめよう、コンビニも24時間開いてなくてよい、子ども連れで夜遅くのショッピングモールには行かず早く寝よう、とかいったごく身近なところから生活習慣を変える試みをすることが大切だ。安いからと買いすぎてしまい、食べずに捨てていたりはしていないだろうか。それよりも、少し高いかもしれないが、農家が苦労して作った無農薬や低農薬の野菜を買う方が理にかなっていると思う。それは農家を支援することにもつながる。健康管理も同様で、昔ながらの知恵に学び、次世代に伝えていくことが大切だ。

生活習慣という根の部分に問題があるから、健康という幹の部分に障害が生じている。財政支出は、幹だけではなく根も健康にするための施策を積極的に行うべきだ。統合医療は結果として医療費の削減にも貢献する。

健康の問題を突き詰めていけば、終末医療とも大きく関わってくる。最期を病院に任せていいのか、という問題だ。寿命で亡くなろうとしている方を、無理やりチューブで繋ぎ薬漬けにして延命させることが、本当にその人のためになるのかを改めて考える必要がある。しかし、一方では死を自然に任せようと言い切ることも難しい。どのような施策が適切なのかを、今後も検討し続けていかなければならない。

2 介護軽減と自立支援を推進する施策を―寝たきりを作らないシーティング技術の普及

寝たきりを作らず、自立活動の世界を広げる技術の例として「シーティング」を紹介したい。日本では、車椅子は移動のための手段としてしか考えられていなかった。リハビリは歩くことが目的。歩けるようになるレベルのケガや障がいであれば歩行を目的としたリハビリをすべきであるが、歩くことが困難な障がい者でも歩行中心。車椅子は可能な限り使うべきではないという考えさえあった。欧米のリハビリの目標は社会復帰して成功すること。そのために残存機能だけでは難しい場合、支援機器と呼ばれる失われた部分をカバーしてくれる道具が不可欠なのだ。歩行困難者の場合、最も大切な支援機器が車椅子。そしてその車椅子を使用者の体に合わせ、二次障がいと呼ばれる後天的な障がいを予防して残存機能を最大限に発揮できるようにするための技術が「シーティング」である。

例えば、脊椎の湾曲した子どもがいたとする。従来そのような二次障がいは防止できないと考えられていたため、変形に合わせた車椅子を作り、快適性だけを提供していた。その結果、変形などの二次障がいが悪化した子どもは大勢いる。しかし、「シーティング」の車椅子は、そのような発想をしない。むしろ、その変形を矯正したり、悪化を防止したりすることを目的としている。そのためにセラピストは可動性を調べ、戻せる場合は矯正、戻せない場合は悪化防止を提供する。矯正と言うと厳しいイメージがあるが、良い姿勢で座れた子どもは皆笑顔だ。その結果、それまで傾いたままの姿勢で食事し、誤嚥《ごえん》の問題があったのが、快適にまっすぐ座れて、正面を向けるようになり、誤嚥も防げるようになった。すると車椅子で過ごせる時間は延び、自立度が向上し、介護軽減にもつながる。本人にも、家族や介助者にもありがたい車椅子となる。

この「シーティング」の技術は欧米で考えられたもので、その歴史は30数年以上になる。障がいのある子どもだけでなく、アクティブな障がい者から高齢者まですべての車椅子使用者が対象。活用している国は世界30か国以上に広がっている。障がい者を弱者として手厚く保護することを中心とした発想ではない。障がいがあっても自立して、自由に活動できるような車椅子を提供する。社会がバリアフリー化すれば、重度障がい者でも活躍できる社会は実現する。二次障がいが防止できれば、医療費、薬剤費、介護費が削減できる。

地方議員時代には、現在は順天堂大学医学部整形外科学講座非常勤講師の山崎泰広さんや自治体・医療関係の方々の協力で、シーティングの重要性を広く周知させるシーティング普及啓発事業を、岩手リハビリテーションセンターにおいて実施した。

２０１２年国会議員当選後、野田聖子代議士を会長に「シーティングで介護軽減と自立支援を実現する議員連盟」を設立し、厚労省や多くの関係者の皆さんのご理解を得て、診療報酬にシーティングを入れることができた。２０１６年には一般財団法人日本車椅子シーティング財団が設立され、障がいがあるお子さんから、寝たきりの人々まで車椅子で快適に動くことができるサポートの第一歩が始まっている。

昨今は、高齢者や障がい者をベッドや車椅子などに縛り付ける、身体拘束は禁止されている。当然のことである。厚生労働省が作っている、「身体拘束ゼロへの手引き」が、できるだけベッドから起こして、ＡＤＬ（日常生活動作）を改善し、ＱＯＬ（生活の質）を向上させることを目的としている、ベルトを使用して行うシーティング技術の普及を滞らせることになっている。

身体の自由を奪う、虐待に該当するような身体拘束はあってはならない。現在、介護現場で、ベルトの使用自体が身体拘束と同一視されているという状況を改善するために、身体拘束についての定義をより明確に介護現場に知らせるための取り組みを行っている。

3 自助・共助・公助の福祉－生活保護世帯への施策

２０１９年2月現在、生活保護を受けている人は約２１４万人で、日本国民のおよそ60人に1人の割合になる。生活保護を受ける理由は、高齢者、母子家庭、障がいがあるなど様々であるが、なかには、障がいの程度が比較的軽い人とか、いわゆる引きこもりといった人たちも含まれている。実は、働く意欲はあるが、その機会を得られないという人たちも多い。こうした人たちに働く機会を提供すること、生活保護を受けることなく働きたいと思えるような仕組みを作ることも重要である。

これまでに行われてきた生活保護に関する法改正でも、家賃補填をしたりする一方で、自治体などが週2日程度の仕事を提供するといったサポートなどにも取り組んできた。もちろん、生活保護が必要な人にはこれまで通り支援し、生活保護を受けている方が働ける環境、働くことに幸せを感じられる環境を作っていかなければならない。私は、そうした取り組みが、一人ひとりの「人生の幸せ度」を高めることになると信じている。

私のもう1つのバックボーン—ボランティアのこと

16歳の高校生の時、「声の広報盛岡（現在代表）」というボランティアに誘われた。中途失明の場合、点字が分からない人もいる。盛岡市の広報から、休日の当番医やゴミ収集日など必要な情報を録音したカセットテープを、それらの方々に配達していた。当時、盛岡の馬場勝彦さん（故人）という方が中心となり、様々なボランティア活動とともに、リサイクルと福祉を結びつけた活動を行い、全国に発信していた。私はその活動にも参加した。

学校に経済的な理由で通学・進学できないマニラの子どもたちのサポートを行う「盛岡マニラ育英会」、父母を亡くした障がい者が、幸せを感じて生活できるように様々な工夫をした施設「いきいき牧場」などの支援にも関わり、かつて馬場さんからご指導いただいた初心を忘れずにボランティアの道を突き進んだ。

結婚をして、子どもを授かり、育児をしているころ、まだ当時は大きく取り上げられていなかった環境問題に出合った。問題の重要性を認識し、「ネットワーク地球村」などの様々な環境団体に所属し、環境問題への取り組みを始めた。さらに、「食物アレルギーの子どもを持つ親の会岩手代表」、「自然に学ぶ会岩手（現在代表世話人）」、「着物でランチ世話人」など、様々な団体に協力してきた。これが東日本大震災でのオールハンズやU－ネットのボランティアにもつながった。

共にボランティアをした先輩や仲間たちのおかげで、本当にたくさんのことを学ばせていただいた。ここに私のボランティアの師、鬼籍に入られた馬場勝彦さんに心から感謝を申し上げたい。

むすびに

困った人や地域のために、一所懸命に頑張ってきた祖母や父の背中を見て育った、議員として4代目の私。市議・県議・国会議員となり常に市民の目線でひたむきに働くのが私の使命と思っている。

忘れもしない、2011年東日本大震災。私は国政を目指し落選中で、すべてを投げ出し、ボランティアで走り回った。現場のわかる人がいないと、当時の国の対応に腹が立つばかり。日本に原爆を落とした時のパイロットのお孫さんが「日本が困っている」とのニュースを知り、会社に辞表を出し、少しでも役に立ちたいとオールハンズボランティアに参加したと、米国に帰る前に話してくれた。外国から来てくださった多くのボランティアのサポートを7か月間させていただき、国政への思いがますます募っていった。道路などのインフラ整備も大切だが、頑張っている個人やお母さんたちのために、少しでも役に立ちたいと心から願った。2012年に国会議員に当選して先輩議員や役所の担当者の理解を得て、地元からの様々なご要望を実現するお手伝いをしてきた。

ここでは字数に制限があるために紹介しきれないが、震災からの復興とこれら紹介をしてきた政策が私のライフワークとなっている。これが私の天命と信じ、これからもひたむきに走り続けたい。

Profile

高橋ひなこ

（たかはし・ひなこ）

1958年、岩手県九戸郡九戸村の伊保内病院で誕生。退院後は父方の実家がある盛岡市で育つ。盛岡市立仁王小学校、盛岡市立下小路中学校、盛岡白百合学園高等学校を経て、日本大学芸術学部放送学科卒業。1981年、テレビ岩手報道制作局アナウンス部、フリーランスアナウンサー・（株）パネットを経て、1995年に盛岡市議会議員に初当選。以後3期を務め、2005年、岩手県議会の補欠選挙で初当選（自由民主党公認）。2012年12月の第46回衆議院議員総選挙に、自民党公認で初当選。2013年、環境大臣政務官（第2次安倍内閣）。2014年、衆議院議員2期目当選。環境大臣政務官に再任（第3次安倍内閣）。2015年、党厚生労働部会　副部会長就任。2016年、党環境部会会長代理就任。2017年、衆議院議員3期目当選。2018年、環境委員会理事、東日本大震災復興特別委員会理事。

ホームページ

フェイスブック

My Activities

環境大臣政務官記者会見で（2015年）

声の広報盛岡の収録（2016年）

環境政策コンテストで受賞（2019年）

東日本大震災復興特別委員会で質問（2018年）

自民党女性政策推進室開設（2019年）

盛岡さんさ踊りで（2019年）

女性議員飛躍の会で総理官邸へ
要望（2019年）

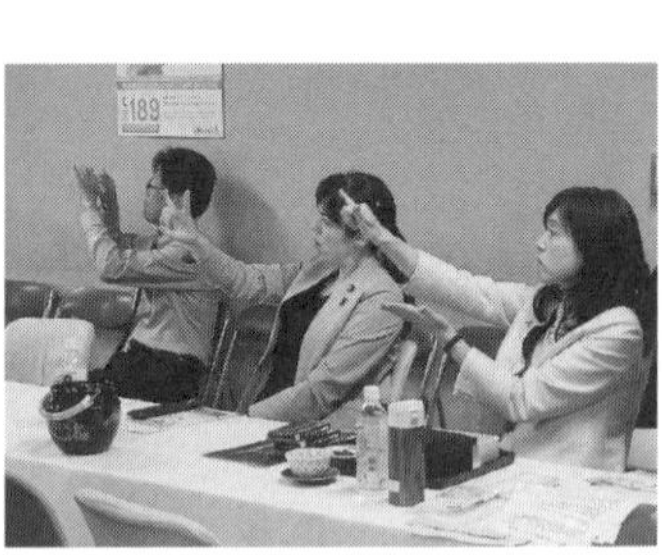

自民党女性局の手話講座（2019年）

矢巾町郷土芸能保存会の春まつり（2017年）

町内会の新年恒例の餅つき（2017年）

新宿御苑ユニバーサルデザイン化の為の視察（2015年）

尾身朝子

様々な経験を活かして
国政に臨む

Chapter 8

ASAKO OMI

1年生議員に課せられた課題

2014(平成26)年11月26日、突然、父・尾身幸次の携帯電話に安倍晋三総理から電話が入った。「尾身朝子さんに、北関東ブロックから衆院選に立候補してもらいたい」という内容だった。直ちに父から呼び出された。まさに晴天の霹靂だった。答えを迫られる中で、安倍総理から直接「衆院選に立て」と声をかけていただいたことの意味は何かと真剣に考えた。私でよいのか、なぜ私なのか。熟慮の末に導き出した答えは、「私の生きてきた人生を社会の役に立たせること」が私の使命であるということだった。安倍総理と父は先代から30年来の知り合いで、総理は父を通して私の生きてきた道筋を見て来られたに違いない。そして、二度と迷わないと誓い「私の経験が国政でお役に立つなら」と立候補を決意した。衆院選の公示の6日前だった。

安倍総理には父が主催するSTSフォーラム(科学技術と人類の未来に関する国際会議Science and Technology for Society forum)に名誉理事長として毎年ご出席いただいている

が、ちょうどその1か月前にも事務局長としてアテンドさせていただいたばかりだったこともあり、候補者選定の際に思い出して下さったのだろう。

そして私は、第47回衆議院議員総選挙で初当選した。

時まさに第5期「科学技術基本計画」の策定作業中で、2015年度中にまとめることを目指し、予算規模をどうするかが議論になっていた。しかし、財務省は財政状況を理由に、具体的な予算額を明示することに強く反対しており、計画の策定作業は困難に直面していた。後述する通り私自身が科学技術に長く関わってきており、さらに父・尾身幸次が科学技術分野の政策をリードしてきたこともあって、私は「科学技術政策専門」と認識されていた。そこで一年生議員ながら先輩議員の方々とともに、「科学技術基本計画」にどういう項目を盛り込むか、具体的な予算額を書き込めるかどうかという課題に一生懸命取り組んだ。その結果、第5期の計画に「政府研究開発投資総額26兆円、対GDP比1％」という数値目標を書き込むことを実現できた。

研究開発投資というものは、投資してすぐに成果が出るものではない。蒔いた種が根を張り芽を出し、若葉が出て成長して、ようやく実を結ぶように、成果が得られるまでには時間がかかる。しかし、典型的な例である京都大学・山中伸弥先生のiPS細胞のように、得られた成果は広範囲に利用され、私たちの生活や社会を大きく変化させ、進歩させる。科学技術関係予算を重視しなければならない理由はここにある。しかし、近年の日本の科学技術への投資はほぼ横ばいであり、中国や韓国にも後れを取っている。私が科学技術への投資や関連する課題に取り組む理由はほかでもない、この日本の現状を憂いているからだ。そして私が科学技術イノベーションのさらなる推進を重視するのは、私のこれまでの人生と深く関わっている。

生い立ち

私が生後1か月のとき、通産省に勤めていた父が腎臓結核という大病を患い、役所を1年半休職した。当時の国家公務員の給与水準は民間よりも低く、さらに父自身の奨学金の返済や実家への仕送りもあり、生活は裕福とは言えなかった。母は生まれて1か月の子どもと感染する恐れのある病気の夫とを抱え、苦労したと思う。洗濯物は分けて洗わなければならない。休職中のため減額された給料で生活費を工面しなければならない。本当に大変な思いをしながら私を育ててくれた。

闘病中、父は「人間が本来生まれながらにもっている、いのちの力を発揮すること」を実践している、故中村天風氏が起こした天風会と出会った。そこで学んだ「心身統一法」を実践したところ、父の病気は快方に向かい、しばらくすると復職できるまでに快復した。激務は無理なので閑職に就けてもらったほうがよいと忠告する人もいたが、自ら望んで現場復帰をして職務をこなしていたそうだ。

しかし、我が家は相変わらずのゆとりのない生活だった。幼少期一人っ子で甘えん坊の私だったが、母と一緒に買い物に出かけても、おねだりということは一度もしたことがなかった。子どもながらに、母を困らせ悲しげな顔をさせることはしたくなかったからだ。

アメリカでの生活

私が小学校3年生のとき、父がニューヨーク総領事館領事として赴任することになった。家族帯同で赴任するのが当たり前だったので、家族全員でアメリカに渡った。1970年9月のことだった。

私たち家族はマンハッタン対岸、ハドソン川添いのニュージャージー州フォートリーという所に住処を得た。この町で、私のアメリカでの新しい生活が始まった。両親は、せっかくアメリカで生活するのだから英語を身に付けさせようと、日本人がほとんどいない小学校4年生のクラスに私を転入させた。小学校は自宅から徒歩1時間。私はお弁当を持ち、毎日一人ぼっちでスクールバスで通うことになった。

小学校に通い始めたものの、私はやっとアルファベットが書ける程度で、英語は話せない。そこで、赤い表紙の小さな単語帳を持たされた。それともう1冊、「頭が痛い」「自宅に電話して欲しい」「私の住所は○○です」「私の乗るスクールバスはどれですか」といった文章を日本語と英語で並べて書いた、父手作りの日常会話集を常に持っていた。何かあったらそこを指で示せばよい、ということである。この小さな単語帳と手作り会話集が、文字通りのお守りだった。

学校では、算数、体育、音楽、美術以外の時間は、単語と絵を結びつける小学校1年生用のドリルが課題として与えられた。例えばAで始まる単語の絵がたくさん並んでいて、その下に名前を書くものだったが、そもそもリンゴがAppleと知らない私は、父から与えられた辞書を逆引きして書き込んだ。このドリルを繰り返し1年間続けたころには、日常会話程度は話せるようになった。そこで5年生になった私は、他の児童と同様に全教科を学ばせて欲しいと先生に頼み込み、叶った。ところがそれからが大変だった。英語での授業についていけるよう毎朝6時に起きて、朝食までの1時間は学校で借りてきた分厚い教科書を音読した。意味がわかろうがわかるまいが、ただひたすら音読をした。そうすると不思議なもので、だんだん頭に入ってくる。この習慣を毎朝続けた結果、6年生になるころには全教科の成績がクラストップレベルにまで上がっていた。

父の領事館勤務が終わり帰国することになったのは1974年の5月、私が中学1年生をほぼ終えたころだ。通っていた中学校の先生に帰国の挨拶に伺うと怪訝な顔をされ、「帰るって、どこに？　あなたは米国生まれの人だと思っていたわ」と言われた。それは私にとって最高の褒め言葉だった。

学生生活、そして就職

帰国して中学1年に編入した。米国での経験を活かしつつも、英語そのもので身を立てるつもりはなく、米国の文化や帰国後の日本の生活の中で、漠然と法律を勉強したいという思いが芽生え、東京大学法学部に進学した。また、苦労して培った語学力を将来社会人としても役立てられるよう、ESSに入ってさらに学び続けた。1983年の父・尾身幸次の衆議院議員総選挙出馬は、私の人生に大きな変化をもたらした。選挙の前年に父は通産省を辞め、選挙区の群馬県前橋市に引っ越した。私が大学2年生の夏だった。私は家族で住んでいた公務員宿舎から出て、東京でひとり暮らしを始めた。そして冬休みや夏休みには、前橋市に開いた父の事務所で名簿作りなどの手伝いをした。選挙は私が大学3年生の冬、12月だった。初当選した父に、私は大学を留年させてほしいと申し出た。3年生という最も重要なことを教わる時期に、選挙の手伝いで大学を休まざるを得なかったからだ。ノートを借りて勉強をし、単位を取ることはできたが、そのようなことはしたくなかった。しっかりと自分で授業に出て、学業を修めたかったのだ。承諾を得た私は1年留年して1986年に卒業し、その年NTTに入社した。

男女にフェアな企業──NTT

私がNTTに入社した1986年は、社会的にも節目の年だった。日本電信電話公社が民営化され、NTTが誕生してちょうど1年が経っていた。また、男女雇用機会均等法が4月から施行された年でもあった。

NTTに入社しようと思ったのは、民営化されたばかりの企業に興味を持ったことや電気通信分野の将来性に魅力を感じたこともあったが、男女にフェアな会社だと聞いていたからだ。会社訪問をしたとき、私より10年先輩の女性課長が男性に臆せず、次々に的確な指示を出している姿が印象的だった。当時は男女雇用機会均等法が施行される前で、いわゆる総合職を目指す女性が民間企業へ就職する門戸は、とても狭かった。女性が会社訪問しても「今年は一般職を除いては、女性の採用予定はありません」などと言われ、門前払いされるのが当たり前だった。公務員になるか、司法試験を受けるか、NTTのように女性が働くことに理解のある企業などへの入社を目指すしか道はなかったのだ。

晴れてNTTに入社した私だったが、その後の3年間は見習い期間であり、それを過ぎてやっと一人前と見なされた。その間は先輩の指導を受けつつ、月に1回業務レポートを提出していた。そうした経験を経て、私はNTT内部の社内システムを統合するプロジェクトに配属された。

NTTのシステムは、窓口システム、料金システム、顧客番号の管理システムというように、それぞれ単独で存在し、統合されていなかった。これを統合して効率化するのがプロジェクトの目的だった。プロジェクトには6年ほど在籍したが、その間、システムの開発、仕様の説明、契約やスケジュール管理など、様々な仕事を学ぶことができた。

通称（旧姓）使用で仕事を続ける

NTTには、当時約30万人の社員がいたが、そのうち約5万人は女性だった。多くの女性が電話交換等の業務に携わっていたためだ。当時から女性の働く環境は非常に整備されていて、育児休業等も充実していた。私は社内システムを作るプロジェクトに配属されている時に結婚し、92年に長男、94年に次男と、2人の子どもに恵まれた。長男の時も次男の時も1年ずつ育児休業を取り、職場に復帰した。その後長男が6歳の時に離婚をし、2人の子どもを1人で育て上げた。

NTT時代、私は通称（旧姓）で仕事を続けた。現民法では、結婚する時に夫側か妻側かいずれかの姓を選ばなければならない。元夫とはどちらの姓を選ぶか相談すらできず、私が姓を変えざるを得なかった。そこでやむなく、通称（旧姓）で仕事をしようと決意した。出産後、長男を私の扶養家族に入れようとしたら、人事部から姓が違うのでできないと言われたことがある。このとき「名前は本人のアイデンティティであるから、姓を変えることはできない」と訴えた。そのことがきかっけとなり、その後NTTは社員の通称使用を認めた。のちに私が部長になった時、結婚した社員が通称使用願いを持ってきた。私は印鑑を押しながら、「このような許可申請を堂々と持ってこられるようになって、本当によかったね」と言った。彼女は「私の同期は皆、通称（旧姓）で仕事しています」と答えた。それまで使用していた姓がある日突然消えるということは、自分の存在が抹消されてしまうのに等しいし、そのことによる不利益は計り知れない。当時姓を変えるのは、多くの場合女性だった。だから彼女たちは、通称を使いたいというのだ。そのような問題に気づける男性は、多くは無い。

インターネットの世界へ

その後ＯＣＮ（初期のインターネット接続サービス）の開発をしていたマルチメディア推進本部を経て、今の私の生活を決定づけるＮＴＴラーニングシステムズという子会社に出向した。ＮＴＴラーニングシステムズはインターネット事業部を持ち、インターネットのホームページ制作を業務としていた。ホームページという言葉がようやく社会に知られるようになったころだ。私はここで、自民党のホームページ制作などを担当していた。

ある時、物理学会の事務局にＬＡＮを引くという仕事を依頼された。ＬＡＮの敷設は単純な仕事なのだが、「学会理事の先生が、いろいろ相談したいことがあるとおっしゃっている」とのことで、私が担当することになった。そのときお会いしたのが、現在の東京大学総長の五神《ごのかみ》真《まこと》先生で、当時は東京大学の助教授だった。

五神先生のお話は次のようなものだった。「学者は研究成果を論文に纏《まと》めるのが命であり、論文を世に出して初めて功績として認められる。これまでその主な発表の場は雑誌だったが、もはや印刷物で勝負している時代ではない。アメリカ物理学会は論文をオンラインで投稿して、オンラインで査読をして、オンラインで発表するというシステムを作り上げた。印刷物の雑誌しか持たない日本の学会は、時間的に対抗できない。早急に、日本でもそういう学術論文システムを作らなければならない」と。

たまたま家で父にこの話をしたところ、「科学技術振興の施策として提案してみたらどうだろうか」とアドバイスをもらった。さっそく五神先生に連絡した。その後、科技庁担当者を中心に、五神先生と共にほとんど徹夜で書き上げた予算理由書が通り、16億円の予算を獲得することができた。その結果、国立研究開発法人科学技術振興機構（ＪＳＴ）が開発主体となって「科学技術情報発信・流通総合システム」（Ｊ－ＳＴＡＧＥ）が生まれた。Ｊ－ＳＴＡＧＥは、日本の科学技術情報の電子ジャーナル出版を推進するプラットフォームで、国内で発表される科学技術情報の迅速な流通と、国際情報発信力の強化を目指している。Ｊ－ＳＴＡＧＥがスタートしたのが１９９９年10月、２０１９年でちょうど20周年となる。今では国内最大、世界でも第2位の科学技術情報プラットフォームに成長した。Ｊ－ＳＴＡＧＥ開発のスタートからプロジェクトマネージャーとして関わった私にとっては、１つの誇りである。この開発が、私が科学技術関係の仕事に専念するきっかけとなった。

転機

私はＪ－ＳＴＡＧＥの仕事に誇りとやりがいを感じていた。ＮＴＴからは、出向を終えて本社に戻るようにという指示が来ていたが、断り続けていた。しかし、会社勤めの身では、いつまでも社命を拒否し続けるわけにはいかない。本社に戻るしかないかと思い始めていたころ、科学技術政策担当大臣を務めていた父から、京都で産学官連携推進会議が開催されると聞き、参加してみた。その会議のパネリストとして、ベンチャーの草分け的存在と言われた堀場製作所の堀場雅夫会長が参加されていた。堀場氏は「世の中にやりたい仕事がないと嘆いているぐらいだったら、自分で起業してつくりなさい」という趣旨の話をされた。それを聞いた私は目から鱗が落ちた思いで、17年間務めたＮＴＴに辞表を提出した。そして独立し、学術情報と学会などをつなげるコンサルティングという仕事を始めた。２００２年の夏のことである。

時を同じくして、父から、大臣として担当していた沖縄科学技術大学院大学設立のプロジェクトや、ＳＴＳフォーラムという科学技術に関する国際会議の立ち上げを手伝って欲しいと言われた。父としては、英語ができる娘がちょうどよいタイミングで会社を辞めた、とでも思っていたのだろう。コンサルティングの仕事と併せて、父の海外出張に同行したり、国際会議でサポートをしたりすることになった。その先々ではノーベル賞を受賞された学者の方々とお会いする機会も得た。それは私にとって今や、大きな財産となっている。

政界へ

私は会社経営やSTSフォーラム事務局長の仕事などを忙しくこなしながら、東京商工会議所の会員となり、女性会の理事や少子化対策委員会などに参加していた。そして2013年4月、内閣府が設立した「子ども・子育て会議」という有識者会議に、日本商工会議所を代表して加わることになった。そんな中、2014年に安倍総理から直接声をかけていただき、北関東比例区から衆議院議員選挙に立候補して、当選させていただいたのである。

政治家となって改めて中から政治の世界を見て、私は驚かされた。女性からの声が、あまりにも政治に届いていないのだ。そして科学技術の分野を応援する議員や、科学技術をバックグラウンドにしている議員が少なかった。幸いなことに私にはSTSフォーラムやJ－STAGEを通じて、世界中のサイエンス・コミュニティに多くの知り合いがいる。その方々とのネットワークが日本の科学技術の振興に役立つに違いない。女性の声を届けるためにも、科学技術振興のためにも、これらの施策を私の活動の軸として、この仕事を続けて行かなければならないと強く考えるようになった。

そして2019年2月の衆議院予算委員会で、STSフォーラムや「科学技術基本計画」が提唱したソサエティー5・0など、科学技術イノベーションについて質問する機会を得、安倍晋三総理から次のようなご答弁を得られた。

「尾身先生のお父様である尾身幸次先生が発案をされまして、尾身朝子先生にも貢献をして頂きましたＳＴＳフォーラムは、ノーベル賞受賞者を含む世界第一線の科学者、経営者などが一堂に会する世界有数の国際会議となっています。私も毎年出席をさせていただいておりますが、この会議は、科学技術立国日本の存在感を世界に示す大きな財産であります。尾身先生のこれまでの長年の御努力に敬意を表したいと思います。資源が乏しい我が国にとっては、日本人の人材の力と科学技術の進歩、イノベーションを生み出す力こそが、これまでも国力の源でありました。今、我が国は少子高齢化を始めさまざまな社会課題に直面していますが、その解決の鍵もイノベーションです。ソサエティー５・０を実現し、日本がこれからも成長していくため、基礎研究を始め科学技術イノベーションの力を一層発展させることは、我が国の未来にとって死活的な問題であると考えています」（要旨）

私が自らに課した課題、果たさなければならない責務は多いが、この予算委員会での質疑に政治家となった原点を改めて感じた次第である。ＳＴＳフォーラムは、５００年後の人類にとって地球がサステイナブルであるために何をすべきかを、科学技術の観点から議論する会議である。常に先々を考え、そのために今何をするべきかという、未来を見据えた思考が大切になる。

シングルマザーとして、経営者として

私はいわゆる、シングルマザーである。結婚生活は短期間で終焉した。長男が1歳半、次男がまだお腹の中にいるときに、着の身着のまま実家に転がり込んだ。その後は1人で2人の子どもを育て、私立大学を卒業させた。自宅近くの東京逓信病院に、看護師さんたちがつくった自主運営の保育園があり、私はそこに子どもたちを預けて働いた。当時は自主運営だったため経営も自分たちで行っていた。私も運営委員長を5年ほど勤めた。その頃の、いわゆるママ友さんたちとの交流は今も続いている。

2人の子どもが小学校に入ると学童保育のお世話になった。ここでも保護者仲間から推薦されて保護者会の代表も務めた。さらに小学校のPTAの役員も務めた。働きながら1人で子育てをする身にとって会議などに出席するのは正直大変だったが、私の様々な経験がプラスになると信じて頑張る日々だった。

長男が高校生になるとお弁当作りが始まった。朝5時に起きて、子どもたちのお弁当を作りつつ朝食を作って食べさせ、同時に洗濯機を回し洗濯物を干す。息つく暇もなく子どもたちを学校に送り出し、慌ただしく自分の身支度をして会社へと向かった。帰宅してからは夕食を作り、夜中まで海外からのメールへの返信などの仕事をする。そんな多忙という言葉では到底言

い表せないほどの日々が、しばらく続いた。

２００７年、私は情報通信関連企業・株式会社ブライトホープを起業し、経営者としてのスタートを切った。前述した「自分でやりたい仕事を作れ」という堀場製作所の創業者である故堀場雅夫氏の言葉がきっかけだったが、実際の経営では様々な厳しい局面に立たされた。特に大変だったのは、資金繰りである。中でも毎月の社員の給料の支払いには、常に悩まされた。しかし、どんな厳しい状況でも何とか資金を調達し、給料の遅配だけは一度もした事がなかった。この苦しい経験があるからこそ、政治家として中小企業支援策を考える時、より具体的で骨のある、経営者が本当に必要とする政策を実現出来ると信じている。

私が政治家になった意味、そして為すべき事は、こうした様々な人生経験を政治の世界に活かすことだと思っている。

未来を創る─沖縄科学技術大学院大学

冒頭で、私は科学技術イノベーションのさらなる推進をライフワークとしていることを述べた。その1つとして取り組んだのが、沖縄科学技術大学院大学の設立である。同大学の設立には父をサポートし、構想段階から関わってきた。

沖縄科学技術大学院大学（略称ＯＩＳＴ－Okinawa Institute of Science and Technology Graduate University）は、5年一貫性の博士課程を持つ大学院大学である。生命科学、物理学、数学などの分野で学際的で先端的な教育研究活動が行われており、学生に世界最高レベルの大学院教育を提供することを目的としている。

ＯＩＳＴは２００１年６月、当時の内閣府特命担当大臣（沖縄・北方対策、科学技術政策担当）だった父が設立の構想を提唱したことに始まる。翌年４月には沖縄復帰30周年記念式典で、小泉純一郎首相（当時）が設立の推進を表明する。その後、様々な段階を経て、２０１１年11月、ＯＩＳＴは設立された。学生数は２０５名、学生の出身地は世界48か国・地域にわたる（２０１９年９月現在）。教職員９４２人のうち３７６人が外国人である（専門の教員は80名で、うち50名が外国人）（２０２０年１月現在）。近年では、科学技術系大学のランキングで世界トップクラスの実績を上げるまでになった。世界にも類を見ない大学院大学であり、今後、日本の科学技術推進と沖縄振興に大きく寄与することは間違いない。

外務大臣政務官として

２０１９年９月、第４次安倍内閣第２次改造内閣で、私は外務大臣政務官に就任した。政務官就任以来、北米・中南米担当として外国訪問や、来日要人との会談などを数多く経験した。外交の前線に立つ者の言動の重さを肌身に感じ、また、そこから多くのものを得ている。政務官拝命直後の10月には、日本人のコロンビア移住90周年を祝う式典に、12月には、日本とパラグアイの外交関係樹立100周年を祝う式典に出席するため、両国を訪れた。その際、日系人の方々と親しく会話をする機会を得た。私はそこで日頃忘れてしまっているような美しい日本語を耳にし、そしてとても美味しい手作りの日本料理を振る舞って頂いた。日系人の方々は日本の文化と言語を心から大切にすることで、日本人としてのアイデンティティや誇りを持ち続け、一世は二世へ、二世は三世へと日本の伝統を伝えようと努力されていた。私はそのことに強い感動と感銘を受けた。日系人の苦労や努力がそれぞれの国で認められ、評価され、それが土台となってそれぞれの国との友好的な関係が築かれていることを、決して忘れてはならない。外交、すなわち国と国の関係は、最後は人と人、一人ひとりの人間力によるものに他ならない。日本を理解し、好きになってくれる人を世界中に1人でも多く増やすため、私も日々努力している。

真に志を持つ人が活躍できる社会へ

最後に、地元群馬への思いと、政治や企業などで男女を問わず真に志を持つリーダーの登場が望まれる理由について私の考えを述べたい。

私の地元群馬は、首都圏から1時間という近さで山紫水明の自然が豊か、災害も少ないところである。美味しい農畜産物の生産も盛んである。100年以上も続く「老舗」が多く存在し、脈々と事業を継承している。また10年以上も毎年開催されている「群馬産学官金連携推進会議」では、地元商工会議所を中心とする中小企業の皆さん、地元金融機関、群馬県、さらには群馬大学などが一堂に会してイノベーション創出、モノづくりなどにおいて産学連携を模索し、数々の成果を挙げている。元気で働き者の女性が多いのも誇らしい点である。この素晴らしい地元の皆さんのためにも、しっかりと地元の声を国政に伝えたいという思いを込めて「群馬と日本の未来のために」というのをモットーにしている。

また女性だから男性だからと安易に決めつけることは慎まなければならないが、女性だからこその発想や行動というものがある。女性は一般的に「自分がした苦労と同じ苦労を若い人たちにはさせたくない」と考える。何代にもわたって、先輩の女性たちが少しずつ社会の壁を壊してくださったことが、今の私たちに脈々と受け継がれている。子育てを終えた女性たちは、自らの経験をもとに「次の世代がより良い環境で子育てするために、自分たちに何ができるだろうか」と考える。つまり自分の経験から次世代の課題、ひいては社会が抱えている課題に私利私欲なくつなげることができるのではないだろうか。

また女性は水平的な人間関係を大切にし、フラットなコミュニケーションを得意とする。共感力が高く、細やかな気配りもできる。先述の通称使用などもそうだが、女性だからこそ気がつく社会の課題も多いと思う。昨年末に行われた税制改正での「未婚のひとり親の寡婦控除適用」などが、まさにその良い例である。こうした発想・行動はこれからの社会にとって非常に重要な要素であると私は確信している。

もちろん、男性にも男性特有の発想や行動がある。社会の発展のためには、男女両性の発想や行動が生かされなければならない。しかし、日本社会は長く男性優位の状況が続き、女性の発想が社会に活かされてきたとは言い難い。今日、国際社会では、女性リーダーが多様な分野で活躍し、実績を上げている。今年（2020年）1月に、私は外務大臣政務官として国連を訪問し、軍縮担当上級代表を務める中満泉国連事務次長をはじめ、国連で活躍している女性に数多く接することができた。重要な組織・団体には、必ず女性リーダーが参加していることが世界の常識なのだ。一方日本では、企業などにおいても女性の管理職はまだまだ少なく、国会議員に至っては、自民党の女性議員は50名にも満たない。今、日本が男性優位の社会を変革する努力を怠れば、国際社会から、さらに未来社会からも、取り残されていくことになるだろう。

このような現状を革新し、男女を問わず志のある人が生き生きと社会で活躍できるようにするため、私は精一杯の力を注いでいく。

日本が世界から尊敬され輝き続けるため、そして1人でも多くの日本国民が幸せな日々を送れるように。

今日からまた、私自身に与えられた持ち場で、力の限り頑張りたいと思う。

Profile

尾身朝子

（おみ・あさこ）

昭和61年東京大学法学部卒業、同年NTT入社。17年間の勤務中、「科学技術情報発信・流通総合システム」（J-STAGE）の開発に携わる。平成14年NTTを退社し、平成19年、IT関連企業・株式会社ブライトホープを起業する。平成26年第47回衆議院議員総選挙にて関東比例区から立候補し初当選。第48回総選挙では群馬一区より立候補し、2期目当選。シングルマザーとして息子二人を育てた経験から、子育て支援策・児童虐待及びDV撲滅にも力を注いでいる。令和元年には第4次安倍内閣第2次改造内閣において外務大臣政務官を拝命し、その活躍の場を群馬から世界へと広げている。

ホームページ

My Activities

1. 外務大臣政務官として

対人地雷禁止条約第４回検討会議にて日本政府を代表して発言（ノルウェー）（2019年）

国連 第43回人権理事会ハイレベル・セグメントにて日本政府を代表して声明を発表（スイス）（2020年）

イレーン・L・チャオ米国運輸長官と会談（アメリカ）（2020年）

ムランボ・ヌクカ国連女性機関事務局長と会談（アメリカ）（2020年）

リバス外務大臣と懇談（パラグアイ）（2019年）

カリブ共同体（カリコム）の若手外交官・行政官の皆様と（2020年）

日・パラグアイ外交関係樹立100周年記念式典にて植樹（パラグアイ）（2019年）

即位礼正殿の儀に参加された世界各国の国王、首相、他要人を招いて開催された、内閣総理大臣夫妻主催晩餐会に外務大臣政務官としてご案内（2019年）

2. 地元群馬を駆け巡る

沼田まつりにて、女性だけで担ぐ伝統の天狗神輿渡御

前橋市総社秋元歴史まつりにて、地元の女性たちと

前橋初市まつりにて、山本龍市長、曽我孝之前橋商工会会頭と

みなかみ町にて実りの秋を実感

長男の卒業式にて(2011年)

渋川市で開催された「上三原田の歌舞伎舞台 創建弐百年祭」に参加

群馬大学 重粒子医学センターにて白衣のぐんまちゃんと

老神温泉びっくり雛祭りにて、6000体を超えるひな人形と共に

3. 国会での活動

衆議院予算委員会にて、児童虐待防止の取り組み・幼児教育無償化・科学技術イノベーション振興について、安倍総理大臣に質問(2019年)

安倍総理大臣他諸大臣と共に、外務大臣代理としてグリーンイノベーションサミットに出席(2019年)

アフリカ開発会議(TICAD)にて、安倍総理大臣、父・尾身幸次と共に(2016年)

自民党女性局による、児童虐待防止の街頭演説(2019年)

稲田朋美幹事長代行をお招きして、国政を語る会を開催(2019年)

杉田水脈

日本の名誉と未来を守る

Chapter 9

MIO SUGITA

地方自治体職員としての経験

国会議員になる前、私は兵庫県西宮市役所に18年間勤務した。職員の福利厚生や統計調査、企画・財政を担当する部署を経験したが、一番印象に残っているのは最後の5年間に勤務した児童福祉の現場だ。この部署で改めて少子化対策の歴史や成り立ちを学び、次世代育成支援対策推進法に基づく次世代育成支援行動計画を策定した。一方で児童館、留守家庭育成センター(学童保育)の運営にも携わった。

児童館を廃止する自治体が全国的に増えている中、「小中学生の放課後の遊び場」としての機能にプラスして、午前中に乳幼児を育てるお母さんたちを対象とするプログラムを組むことを提案し、地域の子育て支援拠点としての役割を担う施設として再構築し、廃止論を跳ね返した。その結果、毎年1万人ずつ利用者が増え、国の「子育て広場事業」を展開するまでに至った。これは全国の児童館のモデル事業として注目され、他自治体から視察に来られたり、私が講師として講演に行くことも増えていった。

留守家庭育成センターは指定管理制度導入という課題を抱えており、指導員の所属する労働組合と深夜に及ぶ団体交渉を繰り返す日々であった。団体交渉とは名ばかりで、恫喝から始まって泣き落とし、褒め殺し……そこはまさに地獄の戦場。前任者からは3日間も耐えられる者はいないとまで言われていたが、私は1週間でも平気だった。こういう修羅場では女性のほうが強いのかもしれない。

また、保育所の民営化問題を取り扱っていたことがある。当時は、小泉改革の「官から民へ」と言われて、民間の発想、手法による効率化を目指す動きが全国に広まっており、前述の指定管理者制度導入と民営化はその主流であった。計画を発表すると、担当部署には民営化反対のFAXが頻繁に送られてきて、審議を行う委員会には、大勢が傍聴に押し掛けてきた。傍聴席を埋めつくした彼らは西宮市民ではなく全国から集まった活動家であった。傍聴人は、野次は禁止、騒いでもいけないし、拍手もダメ、ハチマキも禁止という決まりがあるのだが、そんなルールはお構いなしで、やりたい放題。あまりにも野次がひどいので振り向いて「黙って下さい」と静粛を保つように注意をした。閉会後に、活動家たちに取り囲まれ、罵声を浴びせられた。

当時の西宮市職員労組のトップの人からは「彼らは中核派だから気をつけて」と注意された。

西宮市の労組は自治労連なので、共産党系労組。そのトップからも警戒されている中核派をはじめとする過激派の恐ろしさをその時初めて知った。

当時、西宮市に出勤前に過激な内容のビラを撒いていることで有名だった女性保育士がいて、定年まで勤めあげた後も中核派系労働組合の活動に従事し、２０１７年には建造物侵入の疑いで逮捕されている。

これらの過激派団体が慰安婦問題などの歴史戦とも深い関係があり、実は政治家になる前もなった後も、戦う相手が同じであるとは当時は知る由もなかった。

慰安婦問題との出会い

私は、西宮市役所に18年間在籍したのち、政治家の道へ進んだ。２０１２年12月に行われた衆議院議員総選挙で、日本維新の会から兵庫６区に出馬して小選挙区では敗れたものの、近畿ブロックで比例復活当選し、議員活動を開始した。

国会議員となる前、私に1つの大きな転機が訪れた。当時参加していた超党派の若手地方議員の政策勉強会「龍馬プロジェクト」の一員として、アメリカに視察に行った時のことである。ワシントン、ニューヨーク、ボストンをめぐる10日間の研修だったが、そこで私は、いわゆる

「慰安婦問題」に出合った。現地では元国務副長官のリチャード・アーミテージ氏、政治学者のマイケル・グリーン氏、外交問題評議会のシーラ・スミス氏など、親日派や知日派とされる知識人の方々と直接会ってお話しする機会に恵まれた。彼らは一様に同じ話をした。

「これからは中国が世界の脅威となるだろう。アメリカと日本、そして韓国。民主主義国家である我々3国がしっかりと手を結んでその脅威に対峙していかなくてはならない。なぜ日本はこれほどにまで韓国と仲が悪いのか」

「日韓関係がぎくしゃくしているのは慰安婦問題で日本が韓国に謝っていないからではないか」と一方的に決めつけるのだった。私は当時、慰安婦問題はすでに解決済みであり、左翼的な思想を持つ一部の人たちだけが騒ぎ立てているものだと思っており、なぜ知識人と言われる人たちが口を揃えてこのようなことを言うのか理解に苦しみ、釈然としないまま帰国した。

アメリカ視察以来、海外に一方的に流布されている「慰安婦」問題が私の心にひっかかり続けていた。

慰安婦問題については、韓国政府からの要請に基づき、日本政府は関連資料の調査、現地調査などを経たのちに、1993年8月に調査結果を公表している。河野洋平官房長官（当時）は「総じて本人たちの意思に反して行われた」として「心からお詫びと反省の気持ちを申し上げる」との談話を発表した。

2007年、米国下院は日本軍慰安婦に対する日本政府の公式謝罪を要求する「慰安婦決議案」を満場一致で可決している。2011年に、韓国挺身隊問題対策協議会がソウル市に慰安婦像を設置した。その後、韓国内にとどまらず、アメリカ、カナダ、ドイツなど数か国に慰安婦像が設置されていった。アメリカにおいては2013年7月に、ロサンゼルス近郊のグレンデール市の公園に、ソウルの日本大使館前にあるものと同じ慰安婦像が設置された。

朝日新聞が訂正記事を出す

2013年4月、私は初めての予算委員会でこの問題を取り上げた。またその年の秋に中山成彬《なりあき》衆議院議員が党内に「歴史問題検証プロジェクトチーム」を立ち上げ、その事務局長に私が推薦された。

「プロジェクトチーム」による慰安婦問題の検証が始まった。私はグレンデール市に赴き、事実関係の取材を行い、2014年2月の予算委員会で再度この問題を取り上げた。その際、「河野談話」発表当時の副官房長官だった石原信雄氏から「河野談話」成立の経緯を聴くことができた。

これをきっかけに政府は河野談話作成過程の検証を実施し、2015年に安倍首相が「戦後70年談話」を出した。河野談話自体は、結局いまだ見直しや破棄には至っていないが、一連の「強制連行」についての根拠とされていた吉田清治《せいじ》氏の著書での証言内容そのものが虚偽であることが明白となり、著書を鵜呑みにして慰安婦に関する報道をしていた朝日新聞は、2014年8月ついに訂正記事を掲載した。

転機となった女子差別撤廃委員会でのスピーチ

2014年12月、「次世代の党」公認で臨んだ総選挙で私は落選し、議員職を失った。しかし、活発な言論活動は継続して行い、本も8冊出版した。そんな折、グレンデール市で調査を行ったときの関係者から、ジュネーブの国連欧州本部で行われる女子差別撤廃委員会のプレセッションでスピーチをしてはどうかとの提案があり、2015年7月、その機会が与えられた。それまでの慰安婦問題に関しては日本から来たNGOが、「日本軍は第二次世界大戦中に朝鮮半島から20万人の若い女性を強制連行し、性奴隷にした。しかし、日本政府は謝罪も補償もしていない」という従来通りの主張を繰り返していた。当時、女子差別撤廃委員会をはじめ、多くの委員会が韓国をはじめとする国々への謝罪と補償、教科書への記載などを日本に勧告していた。

女子差別撤廃委員会プレセッションでの、「日本軍による慰安婦の強制連行の証拠はない」という私のスピーチは、聞いていた人々を驚かせた。

「そんな話は初めて聞いた、それは本当なのか？」

すぐに日本政府に対して「日本の民間団体から『慰安婦の強制連行はなかった』という意見を聴取したが、これに対して日本政府の見解を求める」という質問を出した。韓国の主張に従って「大人の解決」をしようとしていた政府、特に外務省はさぞ困ったことになっただろうと思う。

日本は既に謝罪し、いわゆる「慰安婦問題」解決のために1995年にアジア女性基金（「女性のためのアジア平和国民基金」）を設置し、対象となる韓国、台湾、フィリピンなどの個人に対して1人200万円の償い金を支払っていた。そのほか医療のためとして、韓国、台湾、オランダには300万円相当を、フィリピンには120万円相当を支払っている。2007年に事業は終了し、基金は解散した。

このような対応を行い、歴代首相も謝罪を続けてきた。今さら「強制連行の証拠はない」と、日本政府は言えない。仮にそう主張したならば、今までなぜ謝罪してきたのかと、厳しく追及されることになる。

しかし、日本政府も動かざるを得なかった。2016年2月、ジュネーブ国連欧州本部で開かれた女子差別撤廃委員会の対日審査に、政府代表として出席した杉山晋輔《しんすけ》外務審議官(当時)は、慰安婦問題について、次のように回答した。

「慰安婦の強制連行を裏付ける証拠はなかった。性奴隷は事実に反する。慰安婦狩りに関わったとする故吉田清治氏による捏造《ねつぞう》で、朝日新聞が吉田氏の本を大きく報じたために、国際社会に影響を与えた。朝日新聞は事実関係の誤りを認め、謝罪している」

政府は、2年後の2018年3月の衆院外務委員会で、当時の杉山審議官の答弁は政府見解であったことを認めた。きっかけとなったのが、2015年7月に私が行った女子差別撤廃委員会でのスピーチである。

真の子育て政策とは

2017年の総選挙で、私は自民党から出馬し、2度目の当選をさせていただいた。それ以降、「慰安婦問題」、いわゆる「徴用工問題」を巡る「歴史戦」を戦うと同時に、「子育て支援」、「少子化対策」の分野でも活動を進めている。この分野は、公務員生活最後の5年間に取り組んだ重要なテーマで、綺麗事で済ませることができるような問題ではない。

乳幼児保育の拡充、保育所増設による待機児童の解消、保育費の無償化などの働く女性のための諸施策、また、地域自治体による子育て支援対策の充実などの少子化対策、これらは「女性が輝く日本」の政策と深く結びついている。

しかし、ここには抜け落ちているものがある。働く女性ばかりに目が行き、専業主婦や仕事を辞めて育児や介護に専念している女性たちの存在が忘れられている。彼女たちも「働く女性」であり、輝く存在なのだ。家庭で家事や子育て、介護に専念している女性たちにこそ政府による支援が必要だと私は考える。育児ノイローゼやネグレクト（育児放棄）、虐待の問題は、比較的専業主婦に多い傾向がある。社会から孤立した環境で閉鎖的になり、それが子どもの虐待につながる事例が数多く発生している。

さらに、決定的に抜け落ちているのが、育てられる主体である子どもの存在である。すべての視線は、子どもに、子どもの健やかな成長に注がれなくてはならない。しかし、現在の子育て支援策は働く母親に向けられがちである。

例えば、「病児、病後児保育」の問題。子どもが病気になった時に預ける施設がないと問題視されるが、これは働く保護者の視点で語られる問題である。子どもの視線に立ってみれば、病気で大変な時くらいはお母さんと一緒にいたいはずだ。もっと、子どもの視点に立った子ども本位の政策が必要だと思う。

子どもが3歳ごろまで、どれだけ親とともに過ごしたか、愛情ある触れ合いをしたかで、子どもの心の発達や、身体の健全な成長に影響があると言われている。このような発言をすると、「いまどき、まだ3歳児神話を語るのか」と反論されるが、海外ではこの点に重きを置く流れが主流になりつつある。3歳児神話をあざ笑う日本の潮流こそが時代遅れなのだ。

保育所の無料化を否定はしないが、その前に、国は親が余裕を持って子育てをできる労働環境を作る努力をすべきだし、その実施を企業に求めることが必要だ。

例えばフランスは、国を挙げて家族を大切にする政策を実施している。労働時間の短縮、男性の出産休暇、育休も保障されている。その結果、フランスは出生率も上昇している。出生率が上昇したのは、移民の出生率の高さが押し上げたという意見があったが、実態は異なっていた。労働と家庭のバランスのとれた社会環境が整えば、出生率は上がるのである。

子ども問題の中に、離婚したシングルマザー世帯の貧困の問題がある。なぜ、貧困に陥るのか。元夫たちが、慰謝料、養育費を払わないことが多いからである。離婚後、しばらくは養育費を振り込んでいても、いつのまにか振り込みを止めてしまう。取り決めや取り立てが当事者間任せになっていることにも問題がある。外国においては司法による解決のほか、行政が積極的に介入して、別れた親からの徴収を強化する、あるいは立て替え払いをするなどの制度がある。日本においても行政がしっかりと関与すべきだと考える。

少子化、保育など、子どもに関する問題を、縦割りのいくつかの政策で解決することは難しい。大きな、組織横断的な施策が必要になる。雇用、働き方、幼児教育のあり方、社会福祉の領域まで広げた議論が必要になる。

国が進めるべき政策は（杉田私案）

ここで、野党時代に私が中心となって作成した法案の内容を紹介しておきたい。

家庭における子育て及び介護の支援の推進に関する法律案（仮称）骨子案

趣旨

この法律は、我が国における急速な少子高齢化の進展等の社会の変化が家庭における子育て及び介護に支障を及ぼしている現状に鑑み、家庭における子育て及び介護の支援の推進に関し必要な事項を定めるものとすること。

家庭における子育て及び介護の支援の推進に関する施策

1．自己と同一の世帯に属しない父母等との同居及び近居の推進

国及び地方公共団体は、地域の活性化の推進に関する施策との連携を図りつつ、自己と同一の世帯に属しない父母等と同居し、又はそれらの者の付近に居住することの推進に必要な施策を講ずるものとすること。

2．一時預かり事業等の利用者の利便の増進

国及び地方公共団体は、一時預かり事業（児童福祉法第6条の3第7項に規定する一時預かり事業をいう。）、短期入所生活介護（介護保険法第8条第9項に規定する短期入所生活介護をいう。）を行う事業その他のその同居する親族を一時的に預かり、必要な世話等を行う事業を利用することができる証票の交付その他の当該事業の利用者の利便の増進のために必要な措置を講ずるものとすること。

3．在宅で勤務できる制度の導入の促進

国及び地方公共団体は、妊娠、育児、介護その他の家庭生活に関する事由により休業することなく雇用の継続が図られるよう、在宅で勤務できる制度の導入を促進するために必要な施策を講ずるものとすること。

4．家庭生活に関する事由により退職した女性の再就職の促進等

国及び地方公共団体は、結婚、妊娠、出産、育児、介護その他の家庭生活に関する事由により退職した女性の再就職の促進その他その有する能力に応じた適切な待遇の確保を図るために必要な措置を講ずるものとすること。

5. その他

1から4までのほか、国及び地方公共団体は、家庭における子育て及び介護の支援の推進に必要な施策を効率的かつ効果的に講ずるよう努めるものとすること。

女性の社会進出の促進には、労働力不足に伴う経済界の要請がある。労働力不足の問題は、少子化対策、移民政策等、総合的に考えていかねばならない問題であり、女性政策はその一部と言える。しかし、この問題を解決せんがために、国の宝である「子ども」がないがしろにされてしまうことに危機感を感じている。「子ども」を中心に置いた子育て支援策が今こそ必要だと考えている。

Profile

杉田水脈

（すぎた・みお）

衆議院議員（2期）。自由民主党所属。

昭和42年 神戸市生まれ。親和中学・親和女子高等学校を経て、鳥取大学農学部を卒業。住宅メーカー勤務を経て、兵庫県西宮市役所（総合企画局、健康福祉課）に勤める。平成22年に退職し、平成24年衆議院議員初当選。平成29年衆議院議員選挙にて自由民主党中国比例ブロックより二期目の当選。現在は、国際NGOの一員として活躍した経験を活かし、衆議院議員として子育てや歴史外交問題に積極的に取り組む。

【現在の役職】

自由民主党山口県衆議院比例区第二支部　支部長

自由民主党女性局次長

自由民主党政務調査会国防部会副部会長、外交調査会幹事

【衆議院所属委員会】

内閣委員会、外務委員会、科学技術・イノベーション推進特別委員会、災害対策特別委員会

ホームページ

ツイッター

My Activities

ジュネーブ国連欧州本部で行われた女子差別撤廃委員会のスピーチはフランス語で行う。(2015年)

18年間勤務した西宮市役所で担当した児童館の仲間とは、今も定期的に意見交換を行っている。(2018年)

秋には、フランスを視察し、全国家族手当金庫などからフランスの子育て支援政策や少子化対策などについて話を伺う。(2019年)

1期目には、子育て支援について衆議院本会議での代表質問を行う。(2014年)

Chapter 10

鈴木貴子

地域から日本の政治を考える

TAKAKO SUZUKI

鈴木貴子

地方から日本を考える

東京には全てがある。いや、正確には全てが〝集まる〟。人、モノ、お金あらゆるものの多くは地方都市で生まれ、育っている。大学卒業後に就職したNHKでディレクターとして取材に走り回りながら痛感した。地方によってこの国は成り立っているのだと。地方なくして日本を語ることもできないのだと。

地平線の向こうまで続く緑の大地、吸い込まれそうな青空、朝日に光る海、清々しい空気。北海道は多くの人に、そして社会に恵みをもたらし、生かしてくれている。

だから私は自信と共に伝えたい。北海道が良くなれば日本が良くなる。北海道が元気になれば日本が元気になる。

私は北海道・帯広市で生まれ、小学校4年生の時に現在も暮らす釧路市に移った。そして、ここで2012（平成24）年の衆議院議員総選挙に挑戦、27歳で国政に送っていただいた。30年働いて57歳。私の武器はこの若さであり、可能性である。

政治経験がゼロの私にチャンスを与えてくれた背景には、この地域が新しい政治を求め、将来に責任の持てる政治、政治家を求めているということがあるのかもしれないと感じる。与えていただいたチャンスに報いるべく、最年少議員ならではの感覚や視点で精一杯働く所存だ。

ここでは、そんな私の気づきと決意を示していきたいと思う。

地域格差と安心安全

都会、東京一極集中のひずみを指摘したい。

政府の地震調査委員会は、巨大地震が懸念される地域として主に3つをあげている。それは「首都直下型地震」と「南海トラフ地震」、そして「千島海溝沖地震」である。北海道の東部では350年間隔で巨大地震が発生しており、前回17世紀の地震では、海岸線から4キロが水没する巨大津波が発生している。特に根室沖を震源とする最大マグニチュード8・5クラスの地震発生確率は、今後30年以内で70%と試算されている。マグニチュード9クラスの地震は7〜40%と公表された。

しかし、この千島海溝沖地震の防災減災対策はほかの2つの地震に比べ進んでいない。予算概要や防災白書にも首都直下地震と南海トラフはそれぞれ記述があるものの、千島海溝沖については〝等〟に読み含まれている、という説明だ。当然、千島海溝沖に絞った対策や予算の枠組みがない。最大津波高などについて検討を開始したが、2年たっても結論が出ていない。被害想定の公表が遅れている理由として本州と比べて歴史記録に乏しく、検証が進まないとされている。東京にあるような中枢機能や人口密集地もない。

しかし、だからといって対策を進められない理由にはならない。

なぜならば、釧路のような地方に生きる命も、東京や都会の命も等しく尊いものであるはずだ。命の格差があってはならないのだ。

千島海溝沖地震対策に徹底的に取り組もうと決めてから1年半が経った。機会があれば千島海溝沖地震対策について発言してきた。地道な活動が功を奏し、令和2年度予算に初めて被害想定の公表に繋がる調査費を予算計上することができた。

命を守る上で自衛隊施設の整備も重要である。私は、2018年秋から1年間、防衛大臣政務官を務めたが、その時、隊舎はもとより官舎を含めた施設整備に取り組んだ。なぜならば、災害時に期待されるのは自衛隊だ。有事の際の指揮所が、もしくは自衛官の住む官舎の安全が約束されないことは地域の命を危険にさらすことと同じではないか。実際に、津波浸水想定エリアに立つ官舎がある。官舎には家族が残る。任務完遂を期待するならば現場に出る隊員のあらゆる不安を払拭する努力をしなくてはいけないと思う。

地域社会の経済や日常に直結している道路整備にも格差が見える。国土の2割を占める広大な北海道における高規格幹線道路の整備率は全国が83％の進捗率に対し62％に留まっている。1分1秒を争う救急時など、道路はまさに命の道でもある。また、分娩対応可能の最寄りの病院まで片道1時間半かかるため自然分娩ではなく投薬による誘発分娩でしか出産できない地域もある。地方のインフラ整備は利便性だけでなく安心安全にも直結する。

誰もがこの町で生まれて良かった、育って良かった、働いて良かった、家庭を持って良かった、そして長生きが出来て良かった、と思える地域づくりこそ政治家の仕事だと信じて活動を続けている。

若手女性議員として

「女性議員の飛躍の会」のメンバーの中で、私が1番の若手である。ベテラン諸先輩に囲まれた中で、この若輩議員の私が担う役割は何かを考えた。

私は2013年、27歳の最も若い国会議員として政治活動を開始した。その後、2016年に結婚、2017年に第1子、2019年には第2子を出産した。女性の活躍が言われ、政治の世界への女性の進出も期待される今、私自身様々な課題と可能性を見た。

その1つは、議員である私の妊娠と出産が批判にさらされたことだ。「職務放棄だ」とか、「いったん辞職せよ」といった声を一部から寄せられた。

1人目が妊娠8か月になった時、「切迫早産」と診断され、医師からは「トイレと食事以外は極力横になっていて下さい」と言われた。

医師の説明を聞く主人のいつになく険しい表情や、医師の「1日でも長くお母さんのお腹で大きくなってもらいましょう」の言葉に不甲斐なさと申し訳なさが込み上げてきた。

国会閉会中だったため公務に支障はなかった。しかし、地元での後援会活動や会合出席などが叶わなくなったことを受け、妊娠を公表。すると、多くの祝福や励ましの中に「職務放棄だ」、「議員辞職せよ」「だから女性議員はあてにならない」といった声があった。

私は周りが止めるなか翌日には「国民の代表としての責任、公人としての立場もあります。しかしながら、女性が妊娠することがそれらを放棄するという考えには、私は承服しかねます」と反論した。なぜならば、政治家として「困った」「傷ついた」と被害者で終わってはいけない、この空気を変えなくてはいけない、と思ったからだ。

また、それまで知らなかったが、現職国会議員で出産をされた方の多くが切迫早産や切迫流産を経験していた。それだけ、無理をしなければ妊娠・出産が許されない空気に包まれていた、ということではないだろうか。

そこで出産後、超党派でつくる「衆議院改革実現会議」において出産時における女性議員の議決権の行使、つまり代理投票制度や遠隔投票等の導入について議論を提言。「党首討論の定例化・夜間開催の実現」、「衆院のＩＴ化」に並んで早急に議論すべき3つのテーマの1つと位置付けられた。実現にはまだまだ超えるべき壁があるが、問題意識を多くの同僚議員と共有できたと思う。後進のためにもカタチにしていきたい。

イクジとイクジイに奮闘中

子育てをする中で学んだことは、政治と子育ては相通じる、ということだ。我が子は確かに可愛い。子育ても楽しい。しかし、大変でもある。可愛い我が子がモンスターに見える瞬間もある。生まれてきてすぐのころは言葉も通じない。泣き叫ぶ姿を前に、暑いのかな、オムツが濡れているのかな、お腹すいたかな、と、その表情や周りの環境から必死に想像力を働かせる。そして、服を1枚脱がしてみたり、オムツを替えてみたりと、いろいろと試しながら、今必要なこと、求められていることを追求する。

子どもを地域に置き換えてみたらどうだろうか。この地域には何が足りないのだろうか、何を欲しているのだろうかと。耳をすませ、心を開き、声なき声や不安に寄り添う。地域の安定や発展、人々の笑顔が見られるまで、その努力を惜しんではいけない。悪戦苦闘の子育てから、私は政治家として大切なことを教えてもらったように思う。

2歳と0歳の育児と並んで私が奮闘しているのが「イクジイ」、すなわち「育爺」だ。社会や組織において決定権を持つベテラン世代はいわゆる〝子育ては妻に任せてきた〟世代ではないだろうか。この層が妊娠、出産、子育てに関する知識や理解を深めてくれることは女性の活躍推進のみならず男性の育児参加や育児休業取得にも風穴となるのではないだろうか。

そう思わせたのには理由がある。同じ政治家であり、3人の子の父親である私の父だ。母が妊娠中も朝早くから夜遅くまで働く姿勢は変わることはなかったという。そんな父は、私が切迫早産と診断された後でも、「で、いつ治るんだ？ いつから仕事復帰だ？」と言い、母にこっぴどく叱られていた。悪気があるわけではないのだろうが、経験がないので理解できないのだ。大きな影響力を持つベテラン世代の意識が変われば、世の中の景色も変わるはずだ。

私は、父にこう言ったことがある。「もしお父さんが、子育てに携わっていたら、政治家としてもっと多くの〝気づき〟があったはずだよ」と。

それから私は続けてこう言った。

「子育てはできなかったけれど、孫育てはできるでしょ。まだまだ学べるよ」と。苦笑いしていた父だが、最近は「おーい、泣いてるぞ」だったのが「よしよし」と言いながら抱っこしてあやしてくれるようになった。大きな成長である。

現在の政治を、社会を考えるキーワードは「育児」と「育爺」なのである。

ベビーカーデビューで気づいたこと

育児を通して、政治家として反省もある。

私には、2歳と0歳の2人の子どもがいる。私のベビーカーデビューは2年前だ。ベビーカーを押しながら気づいたのは、街中にはなんとたくさんの段差があるのだろうということだ。僅か2、3センチの段差でも、ベビーカーは突っかかり前に進みにくい。転倒の危険もある。横断歩道は特に要注意だ。今更ながらと思われるが、私はそこで気づいた。ベビーカーに優しくないということは車椅子にも優しくないのだということに。

子育てに優しくない社会は高齢者や障がいがある方にも優しくないのだ。子育て世代に優しい環境は、高齢者や、障がいがある方にも優しいのだ。裏を返せばバリアフリーは決して高齢者や障がい者だけのものではなく、子どもにも子育て世代にも優しいのではないだろうか。

少子高齢化はたしかに課題ではあるかもしれない。しかし、だからこそ生まれてきれくれた子どもを大切にする、という視点を強くするべきではないだろうか。

日本を、子どもたちにとって世界一安心で安全な国にする。そういう国にすれば、それはどの世代にとっても住みやすい国になるのだ。

野球のイチロー選手の言葉ではないが、ピンチはチャンスである。少子化で子どもたちの数は少なくなっているが、その子どもたちが世界一伸び伸びと遊び、楽しく育つ社会を作ればいいのである。課題を解決する道筋において下を向いていてはいけない。前を見ることが求められている。

子どもたちが伸び伸びと成長できる社会、大人が安心して子育てを楽しめる社会の実現を追い求めていけば、おのずと道は開けると思う。誰もがこの国に生まれて良かったと思い、この国で暮らして良かったと思える、そんな国にしたいと思う。

ニーズとシーズのマッチング

私の地元である釧路市や根室市は日本有数の水産都市である。近年は歴史的な不漁が相次ぎ取り巻く環境は厳しさを増している。漁業者のみならず、加工、販売、流通とあらゆる業界に影響を及ぼし、ひいては地域経済全体を停滞させる。それに追い打ちをかけるかのように、日本の魚食は低迷の一途だ。

1人当たりの年間魚介類消費量は1988年をピークに減少を続ける。2006年にはついに肉類を下回り、以後その差は広がっている。魚離れには様々な要因があるが、あるアンケートでは「調理が面倒」「ごみ処理が煩雑」が上位を占めていた。

一方で、子どもがいる親は栄養や健康志向などから「子どもには肉より魚を食べさせたい」という調査結果がある。私もその1人だ。

そんな時、地元のスーパーでベビーフードを見ていて気付いた。「魚をつかった商品が少ない」「北海道産がない」と。

早速、地元釧路のビジネスサポートセンターに「安心で美味しい魚で離乳食を釧路で作ってみてはどうか」と企画を持ち込んだ。地元で頑張る中小・家族経営の水産加工会社にとっても新しい市場、販路が見い出せる。子育て支援にもつながる、まさにウィンウィンの構図になるのでは、との狙いがあった。

調べてみると、昨今、共働き世帯の増加、男性の育児参加も増え、それに伴って離乳食のマーケットは右肩上がりで成長している。市場が縮小されている中で2018年の販売額は271億円と5年前と比べて7%伸びるなど成長産業として注目を集めている。

出来上がったのは、釧路産真鱈《まだら》の骨と皮を丁寧に手作業で取り除いた商品だ。切り身になっているので子どもの月齢などに応じて量も調整しやすく、すり身やフレークにもできるように工夫されている。また一切れずつ真空パックのため保存もしやすい。賞味期限は製造日から180日。

外国人観光客によるオムツや粉ミルクの〝爆買い〟は有名だが、これからは日本の、いや北海道産の安全でおいしい離乳食も人気になるのではと期待している。

実は、これから野菜を使った新商品も予定されている。その会社の社長は「たかちゃんが母親になったおかげだよ」と言って下さった。

議員の妊娠出産などに批判的な声がある。しかし、母になったことで得た多くの気づきを、政策や施策にしっかりと反映させていくことが重要だと心している。

Profile

鈴木貴子

（すずき・たかこ）

昭和61年1月生まれ。カナダの高校、大学を卒業。平成21年NHK入局、番組制作ディレクター。平成24年第46回総選挙に北海道七区（釧路・根室管内）から挑戦し次点。翌年、繰り上げ当選。以来、第48回総選挙まで最年少議員として3期連続当選。第4次安倍改造内閣にて防衛大臣政務官就任。私生活では2児の母。誰もが安心、笑顔でいられる社会のため、外交・安全保障から子育て・教育まで幅広く将来を見据えた政治に取り組む。

ホームページ

フェイスブック

My Activities

1. 初当選〜第46回衆議院議員総選挙〜

マイナス18度の中での街頭演説に集まって下さった皆さんの手の温もりは今でも忘れられません。

握手に想いを込めて

2 地域の声を聞く

朝の街頭活動をしていると「風邪ひくなよ！」と激励を頂くこともあり、日々の活動の励みになっています。私が心がけていることは、地域の声、声なき声を聞く、ということです。国会議員の国づくりには、その国を支える人々の声、地域の声が必要です。農家や浜をまわり、地域や暮らしに飛び込んでいく中で見えてきた課題だからこそ、大きな声で自信をもって地域の声を政治に届けることができると信じています。

月曜日の朝の挨拶

獲れたてのサンマを抱える

乳牛の品評会にも挑戦

3. 国民の声を届ける

北方領土問題、安全保障政策、農林水産業の振興、えん罪の防止、性暴力の根絶、国土強靭化、防災・減災対策、消費者問題など幅広いテーマで質問に立っています。

政府や関係省庁にも時に厳しく、常に提案の姿勢で質問に挑んでいます。

4. 子育て世代と政治を繋ぐ

子どもの笑顔が見たいなら、まずは側にいる大人が笑顔でいなくては。子どもに安心感を与えるためには大人が安心して暮らせる社会であること。２人の娘を育てる母として子育て世代と政治の橋渡しをしていきます。

視察先の保育園で子どもと一緒に遊ぶ

5. 千島海溝沖地震対策を推進

首相官邸にて菅義偉内閣官房長官に初となる千島海溝沖地震対策の要望を実現させました。フットワークと発信力で地域が抱える課題をあらゆる角度から解決すべく日々奔走しています。

菅内閣官房長官に初の要請を実現させる（2019年）

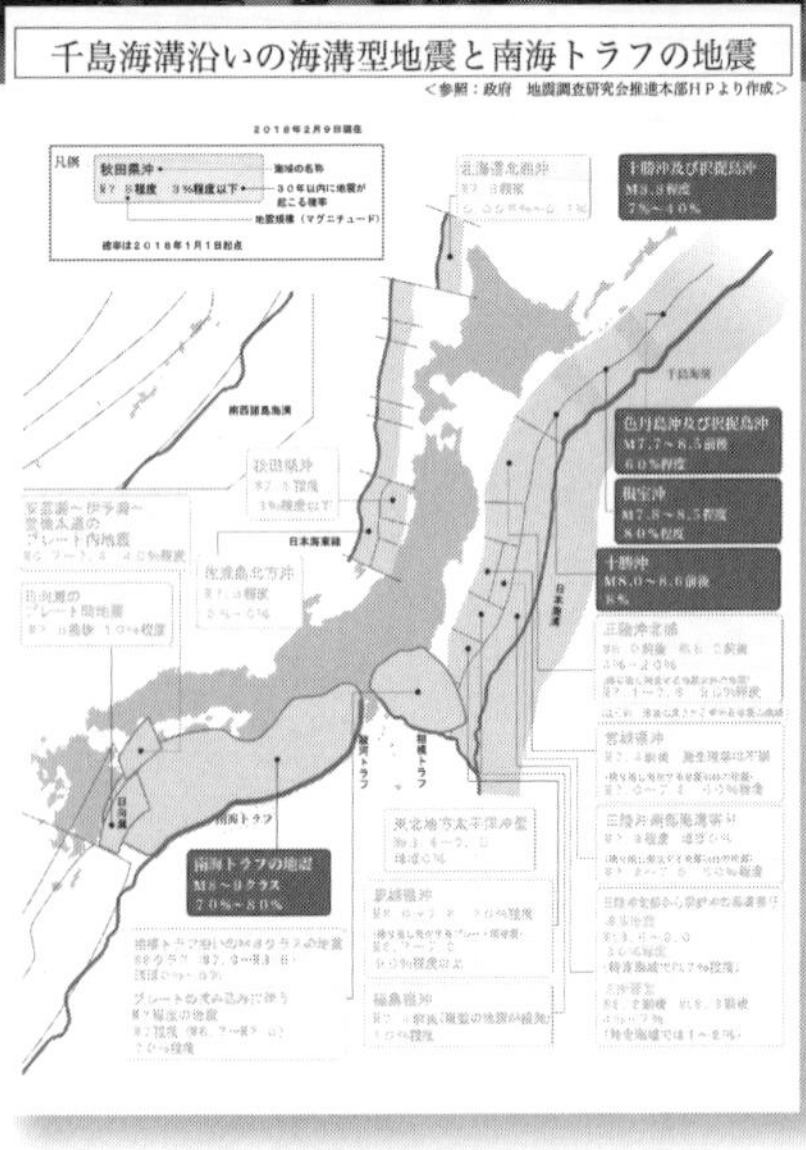

地震調査研究推進本部は、千島海溝沿いではマグニチュード8.5程度以上の大地震が発生する可能性が高いと警告している。

政府　地震調査研究会推進本部HPより

6. 最年少＆女性初の防衛大臣政務官に就任

宇宙、サイバーそして電磁波といった“新たな領域”への備えが注目されますが、それらを下支えする人的基盤の強化に取り組みました。

手元に見えるのは「感謝と共に」と刻印されたプレート(2019年)

特別儀仗隊による栄誉礼をうける(2019年)

「女性がさらに輝く多様な社会の実現を目指して」

「女性議員飛躍の会」座談会

座談会参加者

稲田朋美（衆議院議員）
佐藤ゆかり（衆議院議員）
永岡桂子（衆議院議員）
猪口邦子（参議院議員）
森まさこ（参議院議員）
太田房江（参議院議員）
高橋ひなこ（衆議院議員）
尾身朝子（衆議院議員）
杉田水脈（衆議院議員）
鈴木貴子（衆議院議員）

稲田　２０１９年３月に、私たち同期の自民党女性国会議員が中心となり、女性の議員連盟「女性議員飛躍の会」を結成しました。これは自民党としては初めての女性だけの議員連盟です。結成のきっかけは、同期の女性議員も半分以下になり、そもそも女性議員が増えていないことを憂慮したからです。

私たち同期の議員は、２００５年の小泉劇場と呼ばれた解散・総選挙で当選し、国会議員となりました。選挙で16人の女性議員が誕生しましたが、現在残っている議員は７名だけです。また３回生と呼ばれる議員も11名いましたが５名に減っています。つまり、この15年間で自民党の女性議員は増えておらず、状況は何も変わっていません。

「飛躍の会」結成から約１年が経ち、このたび、議連の有志によってこの本が制作されました。参加メンバーの各議員が、日々取り組まれている政策課題をこの１冊の本に集約し、その課題をメンバーで共有することによって、さらなる飛躍の糧にしたいと考えています。

稲田朋美議員

女性議員・女性管理職を増やすための安倍政権の取り組み

稲田　まず、確認しておきたいのですが。２０１５（平成27）年12月、政府は、第４次男女共同参画基本計画を閣議決定しました。その中で、「社会のあらゆる分野において、２０２０年までに、指導的地位に女性が占める割合が、少なくとも30％程度になるよう期待し、引き続き更なる努力を行う」と述べ、政策・方針決定過程により多くの女性が参画する社会の実現を強調しました。これを受け、各分野に目標が設定され、今日に至っていますが、現状はどのような状況でしょうか？

森　国会議員の状況から紹介します。世界の下院、または一院制（日本は衆議院）について比較したデータですが、「列国議会同盟」の２０１８年版の報告によりますと、日本は10・２％で、１９３か国中１６５位です。世界の平均が１９９５年の11・３％から、２０１９年１月には24・３％まで上昇していますが、日本は１９９５年の平均にも及ばない状況です。ちなみにスウェーデン47・３％、フランス39・７％、イギリス32・０％となどとなっています。国内の都道府県議会議員全体について見ますと、女性議員の比率は10・０％となっています（内閣府男女共同参画局資料、２０１８年12月末現在）。

稲田　諸外国は頑張っているのに、日本だけ何も変わっていないということですね。

森まさこ議員

森　また、管理職に占める女性の割合の世界平均は27・1％で、日本は12％と主要7か国（G7）で最下位となっています（ＩＬＯ統計、２０１８年）。現状の数字はまだ確かに低いです。しかし、この間、安倍政権は様々な施策を打っています。今後、間違いなくその成果は上がってくると思います。安倍政権は、２０１５年に女性活躍推進法（略称）を公布しました。この法律は10年間の時限立法で、女性が職場で活躍できる環境を整備することを目的とした法律です。従業員３０１人以上の企業は、女性の活躍推進に向けた「行動計画」の策定と公表が義務づけられています。この法律により、「なでしこ銘柄」への投資は増え、「なでしこ銘柄」の株価は急激に上昇したのです。

面白い話があります。２０１３年9月、インドネシアで開催された男女共同参画関連のＡＰＥＣ会議に、私と佐藤先生が参加したときのことです。

佐藤　当時は森先生が男女共同参画担当大臣で、私は経産政務官でしたね。私たち２人が席を並べて出席したのが「中小企業・女性と経済担当大臣合同会合」で、森大臣は女性活躍推進について、私は日本の中小企業政策における女性活躍政策について、各々プレゼンしました。

森　その日は、参加国は全員女性の大臣が出てきます。私たちが参加するまでは、日本からは女性閣僚が出たことがなかった。それが私と佐藤先生の２人が参加したものですから、各国の大臣たちからは驚きの目で見られました。

私たちは、会議で女性活躍推進法の制定に向けた日本の動向をプレゼンしました。企業に情報公開を徹底させることによって、女性活躍の指標を上げていきたいと訴えると、参加者の多くは賛同してくれました。

各企業でどれくらい女性が活躍しているか、女性役員・社長の数、男性が育休を取るパーセンテージ、男女の勤続年数が女性と男性ではどのくらい格差があるか、など、女性就業に関わる様々なデータを企業が公開することは欧米では当たり前のことなのですが、アジアでは公表しない国が多いのです。

このプレゼンは参加国に大きなインパクトを与え、APECの最終報告書に、この女性活躍推進法が掲載されました。

稲田　安倍首相は、2018年に、3年前から運用が開始されていたコーポレートガバナンス・コード（企業統治指針）の一部を改訂し、上場企業に女性の取締役を1人以上登用することを促しました。法的拘束力はありませんが、同指針は企業統治の規範として重要視されています。

森　アベノミクスがスタートしたとき、女性取締役は確か数パーセント程度でした。それが現在、10パーセント台に上がってきている。安倍総理が官邸に経済三団体（日本経済団体連合会、

佐藤ゆかり議員

日本商工会議所、経済同友会）のトップに来てもらい、女性の取締役を置いてくださいと頼んだ。政治が経済に口出しをしてはまずいかもしれないけど、これをマスコミも呼んで行った。これを受けて、女性取締役の登用に、上場企業はやっと重い腰をあげたわけです。

女性活躍という旗印を立てて、当時は女性活躍って何だと、そのネーミングまでバッシングを受けながら、くじけずにやってきた。そして、今その成果が少しずつ見え始めている。これから必要なことは、この流れをさらに加速させることです。そのためにどうするか。今日は、皆さんでアイデアを出し合っていきたいと思います。

企業にとっての女性幹部登用のメリットとは

佐藤　企業の女性幹部の登用について、これから私たちの議論に参考になる興味深いデータがあります。結構古い2000年初頭のデータですが、フォーチュン500に掲載された大企業を対象にアメリカのNPO団体が行った調査です。女性役員比率が高い上位4分の1の企業と、女性役員比率が低い下位4分の1の企業で、企業財務パフォーマンスを比べた結果、自己資本利益率（ROE）、売上高利益率（ROS）、投下資本利益率（ROIC）など、全ての主要指標において、女性役員比率の高い上位4分の1の企業が、下位4分の1の企業よりも業績が良いことが示されたのです。

日本の事例で言うと、先ほど森先生も触れられた通り、安倍政権になってから、経産省では女性の人材登用が進む17の企業を「なでしこ銘柄」として公表し、当時、経産政務官だった私は「なでしこ銘柄」企業の表彰式で表彰したのを覚えています。ある民間シンクタンクの調査でも、厚労省が行った均等・両立推進企業表彰で受賞した152銘柄では、株価のパフォーマンスがトピックス（東証株価指数）を安定的に上回り、株価の上昇傾向が確認されていました。

森　つまり、女性を積極的に登用した企業の方が、業績がいいということですね。

佐藤　そうです。「なでしこ銘柄」については、最初は懐疑的な見方もありましたが、現在もこの傾向が続いています。

また、経産省の外郭団体である独立行政法人経済産業研究所（RIETI）で、ワーク・ライフ・バランスに取り組んでいる企業と、取り組んでいない企業の生産性向上について調査したレポートもあります。これを見ると、粗利益率では、取り組み企業の方が取り組まない企業よりも2倍以上高いという結果が出ており、生産性の伸びを示す全要素生産性（TFP）も、取り組み企業の方が高い傾向が確認されるのです。これは、ワーク・ライフ・バランスと生産性が正の相関関係にあることを科学的に示した重要な結果です。

稲田　なぜ女性を積極的に登用した企業の方が、業績が向上しているのか？　その理由はどのようなことが考えられますか。

佐藤　まず、これらの取組企業では、幹部職への女性人材の活用のための組織体制を明確に編成しており、法律の規定以上の育児介護支援に取り組むなどで、ワーク・ライフ・バランスによる生産性を上げたことです。また、ひと頃製造業でよく言われたのは、例えば品質管理において、女性の方が製品1個1個の丁寧な検分能力に高く、返品率が下がり、品質管理の生産性が上がったなどの分析です。これを幹部職やサービス業での様々な顧客対応に置き替えても同様のことが言えるでしょう。要するに、ワーク・ライフ・バランスの推進により、こうした女性特有の資質が開花し、業績につながったということです。

猪口　経営面から見ますと、女性を積極的に幹部として登用することで、その企業の経営幹部全員が、企業改革に対する大きなモチベーションを共有できるという側面がありますね。女性の登用をスイッチにして、その企業に眠っていたイノベーティブ（革新的）な心情が解き放たれるのです。女性は、そういう構造自体を動かす原動力となっていきます。このアイデアは面白い、こういうことにもトライしてみよう、というように、働く現場に好循環が起き、結果として業績が向上していく。

猪口邦子議員

女性の登用を促進するうえで、女性活躍推進法とその改正法は重要な役割を果たします。推進法は、男女共同参画基本法のある一部分をより積極的に推進するための法律だと思います。2010年に第3次男女参画基本計画決定、2015年に女性活躍推進法（略称）を公布、同年末には第4次男女参画基本計画を決定、2018年にはコーポレートガバナンス・コードの改訂、と男女共同参画社会の実現に向けて自民党は大きな流れを作っています。

一般的に、社会的な正義を尊重し、格差是正に取り組み、長期的に企業価値を高めようと努力している企業に投資は誘導されます。そして、どういうところにイノベーションが起きるかと考えた時、投資をより誘導できる企業にイノベーションは起こりやすくなります。

女性活躍推進法およびその改正法は、どういうところに投資家が注目すべきかをリードしており、その点から考えますと女性の起用というだけでなく、もっと巨大な金融市場のマネーがどこに向かうべきかを誘導する1つのアンテナにもなっているのです。民間の資金が集まり、そこに巨大なイノベーションが生まれる。これが資本主義の健全な発展です。

その事例として、佐藤先生がご専門ですが、国際投資の世界でもイノベーションが起きていますね。

佐藤　はい、ESG投資・ESG金融など、世界では新たな動きが拡大しています。ESG投資・ESG金融は、環境（environment）・社会（social）・企業統治（governance）という非財務要件への貢献を考慮した投融資です。なかでも企業統治には、経営トップの資質、従業員の意欲向上のための透明性の高い労務管理、多様性を認める経営確保なども含まれます。このようなガバナンスを確立した企業、積極的な環境投資や社会貢献を行う企業を長期的成長に貢献する企業として、投資家が後押しするようになってきています。これは、これまでグローバルファイナンスが目をつけてこなかった新たな世界成長のスポットであり、猪口先生がおっしゃるイノベーションの源泉ともなる。そこに女性登用の成長への貢献を見ることができると思います。

稲田　世界的な潮流として、女性の経営陣への登用が大きなイノベーションの原動力となっている、ということですね。

我が国の政治の世界では女性の立場はどうなっているか

稲田　さて、問題は私たち日本の政界です。各国の女性議員比率に関する「列国議会同盟」の報告書では、日本は約10％（衆議院）で、193か国中165位です。

猪口　昨年の12月、与党税制改正大綱に、それまで対象外だった「未婚のひとり親」が寡婦控除に追加されました。この改正を実現できたのは、私たち女性議員が団結して闘ったからです。

自民党女性議員のほとんどは「未婚のひとり親」も寡婦控除に追加すべきだと考えていました。しかし、税調の男性議員たちは改正には積極的ではなかった。それをひっくり返したのが女性議員たちです。この現実から女性議員が増えることの重要性を改めて感じました。

稲田　そう言った意味では、初めての女性知事となられた太田先生の存在が大きかったですね。

太田　私が経済産業省に入ったのは1975年、ちょうど国際婦人年の年だったのですが、当時は、企業でも官僚の世界でも女性の存在は本当に稀でした。女性の年齢別労働力率をM字カーブとよく言いますが、本当に小さな小文字のm。そんな時代に、私はM字カーブが徐々に上がり、大きなMになっていくのを実感しながら経産省で25年を過ごし、2000年に全国で初めての女性知事(大阪府)になったわけです。これは組織のトップという意味で画期的なことだったと思います。私のような普通の女性が男性優位の社会で先陣を切った。正直、自分自身がそうなるとは考えていませんでした。

その後、女性の知事や首長が増えていった。確か女性知事は延べ7人ですが、東京、大阪、北海道など、大きな都道府県での就任。素晴らしいことではないかと、四半世紀で大きな時代の変化を実感しています。

森　テレビのニュースで拝見していました。カッコいい、と思いました。太田先生は女性の政界への進出の先駆けとなられました。私たちにとっては、太田先生のお仕事がロールモデル（具体的な行動技術や行動事例を模範・学習する対象となる人材）になった。

太田　人口で見ると、日本の人口の約30％を占める都道府県で女性が知事に就いた。大阪府だけで7％ほどいますから、それに北海道、東京、千葉などが加われば30％程度になる。

一方、民間企業で働く女性も急増し、女性管理職の割合も、冒頭で森先生が説明されたように、世界的に見れば低いとは言え、12％（2018年、ILO統計）になっている。1975年当時は数％しかありませんでしたからね。こうした社会の変化を実現するうえで、男女雇用機会均等法の制定が大きな役割を果たしたのは当然ですが、安倍政権の取り組みも大きかったと思います。

経済界は市場原理で動きます。能力のある人、企業にとって役に立つ人が、いわゆる人材です。気がついてみたら、それらの人材の多くを女性が占めていることに企業も気づいた。増加する女性の社会進出、管理職への登用は経済社会が発展するうえで必然だったんだと思います。

私は知事として、関西国際空港の2本目の滑走路の建設、1兆円を超す企業の誘致など、さまざまな課題に取り組みました。しかし、私の最大の功績は「あの太田はんでもやれるんやから、私も挑戦してみよう」と考える女性を増やしたことだと思っています。

太田房江議員

尾身朝子議員

世界には、有能な女性を活かすという市場原理が働かない国はまだ数多くあります。特に政治の世界が遅れている。日本の政界は、女性議員の数では発展途上状態です。M字カーブとは異なり、まったく動きがない。市場原理が働かない世界には何らかの制度でその動きを補うしかありません。

猪口　太田先生は官僚として、私は学者として、男性優位の時代に社会参画して苦労してきました。さらに今、政治の世界に入って、また苦労している。そんな時代を経て、世の中は変わってきているのだとつくづく思います。今は、女性活躍推進とか男女共同参画が言われるようになっていますが、それまでにはさまざまな苦労があったということを、今の若い世代の女性に知ってほしいと思いますね。今の若い世代にとって、想像することはなかなか難しいとは思いますが、苦労を共有できれば、みんなが勇気付けられると思いますよ。

尾身　経験を伝え、共有するということに関して、少しお話しします。私が大学に入った時に、女性の先輩が女性の学生を集めて、セミナーを開催してくださった。そこで先輩はこんな話をされました。かつて女性たちは参政権もないところからキャリア形成を始めた。そして国立大学に女性が入学した初代が自分たちだと。自分たちは、大学に入り、勉学を極め、学者の道を極めることに精一杯だった。だから家庭を持てなかった。次の世代は、結婚はできたけれども子どもは持てなかった。あなたたちの世代は、家庭を持ち、子どもも持って、それで仕事も追求できる時代なのだから頑張りなさいと。私たちはそこまで道を作ってきましたよと言ってくださった。このお話に私はものすごく感動したんです。あなたたちに同じ苦労をさせたくないから、自分たちが頑張って道を切り開いてきましたよ、と話された先輩の頑張りがあるから、私たちが頑張ってキャリアパスを次の世代に示すことができる。そして、それに続こうと思う新しい人たちが出てくる。

森　一番若い世代として、鈴木先生は、どう感じます。

鈴木　先輩たちのパワーと熱量に圧倒されてしまって、呆然としています。私たちは、まさに先輩たちの苦労の上に築かれたスタート地点に乗せてもらった世代だな、ということ。それを痛感いたしました。

女性が背負う、家庭と子育てとキャリア

永岡　これまでのお話は、女性たちの社会参加とキャリア作りでの苦労という側面ですが、女性にはそれとは別の苦労というものがあります。私が学校を卒業したころ、ほとんどの女性は仕事でのキャリアを積まずに、家庭に残りました。家事手伝いですね。そして、結婚して、出

永岡桂子議員

産して、子どものために、夫のためにと家事に忙しい毎日を送る。そこでは、「永岡さんの奥さん」とか、「○○ちゃんのママ」とか呼ばれ、名前で呼ばれることなんてなかった。そんな名前のないママが、孤独に苛《さいな》まれながら子育てをしてきた。旦那は仕事で帰ってこない、赤ん坊は、泣いているか寝ているか。つまり会話のない毎日です。こんなに辛いことはないの。この辛さに比べたら、仕事での苦労の方がずっと楽です。なぜなら、隣の人間と会話ができ、意思疎通ができるから。だから名前のないママは、ノイローゼになることもあるし、子どもが憎くなることだってある。

杉田　女性活躍推進法が出てきた最初の時に、私は野党にいて、法案に反対しました。それは、私が公務員時代、市役所で地域の子育て支援事業を担当していた時の経験があったからなんです。

20代の女性にアンケートを取ると、60パーセント近い人が、結婚して子どもを産んだら専業主婦になりたいという。でも、実は専業主婦になった人のほうが児童虐待や育児ノイローゼが多いという実態があったんです。この法律は、そんな多くの女性が抱えている問題にフォーカスが合っていない。これが反対の理由でした。

永岡　女性の社会参加の問題で、M字カーブが問題にされてますよね。女性が子育てで仕事から離れると、なかなか職場に戻ってこられない。だから子どもを預ける施策を推進し、M字のへこみをなくして台形にしようとしています。でもね、私は、それって少しおかしいのではと思っているんです。なぜかと言えば、子どもは、家庭で親が見てあげるのが当たり前で、家族は、いっときは子育てにかまけて、大変な思いをしてみるのがいいと。それを他人任せにしていいのかと。

杉田　家庭で子育てしている女性も輝く女性なんですよ。そういう意味も込めて、私は法案に反対したんです。

高橋　私が市議のころ、男女共同参画の議論が始まり、「女性だけが職場でお茶くみをしたり、朝お弁当を作るのは怪しからん！」という女性たちが、あちこちで声を大にして発言し出しました。子どもを産み、母乳をあげられるのは母親。男女の違いはあるものの、それぞれの特性を生かし、家庭での役割分担は、自分たちで決めればいいこと。やらなければいけないことは働きながらでも工夫して、「自分はよくやっている」と自分で自分をほめながら、楽しんでやる習慣をつけてきました。それも、共同参画の一つの形ではないかと思います。

稲田　私もやはり、働きながら子育てもできるという環境が一番いいと思っています。実は、福井ではそれが当たり前なんですね。福井にはM字カーブなんてなくて、ずっとみんな働いて

高橋ひなこ議員

るんです。私の場合も、もう30年前のことですが、夫がすごく協力的でした。だから、家族が大事なんですよね。

高橋　家事の中で、家族の健康を守るために大切な「食」の問題も考えなければいけないと思っています。永岡先生が先ほど、現在の女性のM字カーブを台形にすることは、育児を他人任せにすることだとおっしゃいましたが、実は「食」も他人任せにする、スーパーやコンビニのお惣菜なんかで済ましてしまうケースが増えている。その結果、食事によって様々な健康問題を抱えることになる。家族のあり方と「食」にもっと関心を向けることには、それぞれの家庭の医療費や介護費などの削減にもつながるはずです。次の子どもを産まないという理由は様々考えられますけれど〝まずは隗より始めよ〟で手作り料理での家族団欒は必ず少子化問題の改善にもつながると思うんです。

杉田　日本同様、少子化問題を抱えていたフランスは出生率を上げることができました。有効だったのは、「家族」対策。フランス人は「家族」を大切にするので、企業は、従業員が家族と一緒にいる時間をいかにして確保するかを競っています。そこで、国で家族政策をやってくれということになり、育休、産休、ノー残業、そして長期休暇の制度が整った。男性にも育休だけじゃなくて、2週間の産休があるんです。出産と育児の大変さを実感する。そこから男性の意識が変わった。

永岡　そう、問題は、男性の意識改革なのよ。

育休と選択の多様性の問題

猪口　初代の少子化担当大臣を務めた時の考え方の基本が、今皆さんがおっしゃった「保護者と子どもの接触時間の最大化」でした。社会全体として、働き方改革の施策の実施、徹底的な育児休業の取得や育児休業明けに確実に保育園に入れることができるとか。それから10年以上経ちますけど、党の中でずっと言い続けてきた。そして今ね、男性の育児休業の、いわゆる、カッコ付きの義務化を突破口に男性の育児参加を促して、子育てで肝心な愛着形成期に、後顧の憂いも、職場の憂いもなく、子どもと向き合う時間を社会的に保障してあげる、そこまでたどり着くといいねと。その上で、女性活躍推進とか男女共同参画できるようになるといいねと思います。

太田　職場の憂いなく子どもと向き合う時間を保障するためには、社会全体の意識向上と新たな制度の創設が必要になりますね。

私は、先ほどM字カーブの話をしましたが、カーブが上がることがすべてにおいて良いことだと言っているわけではありません。働きたい女性が働けるようになることを望んでいるだけです。女性活躍推進に関する調査などを見ると、例えばM字の下がっている34歳から44歳の部分にいる未就業の200万人近くの女性たちの中には、本当は働きたいと思っている女性も多い。働きたい女性が働ける環境をつくることが最も大事なことです。短時間でもいいから社会との関わりが持てるようなインフラを整備する。これこそイノベーションです。女性、男性と区別することなく、多様な生き方を選択でき、その多様な生き方を支えることのできる社会的なインフラを整備することが、社会のイノベーションであり、人生100年時代に不可欠なものだと思います。

森　鈴木先生は、2人目の赤ちゃんを出産されて、復帰されたばかりです。今まさしく当事者として、この問題について、どう感じていらっしゃいますか。

鈴木　永岡先生が指摘された男性の意識改革の問題、私もそれは感じています。女性に対しては、仕事と子育てを両立されてすごいですね、とよく言われますが、男性に対して、君は仕事と育児を両立させてすごいね、なんて会話、言ったこともなければ、聞いたこともありません。この両立という言葉が、男性に向けても使われる社会にしなければならないと思っています。もう1つ、「育休」という言葉にも問題があるのではないかと思います。「休む」という言葉に、

杉田水脈議員

日本人は抵抗感があるんですよね。育休は、育児参画を推進する話なのに、休暇を推進する話のように受け止められているのではないか。こんなところにも、この制度の取得率が上がらない要因があるのではないかと思います。私は、「育休」という言葉をまず変えたい。

太田　男性の「育休」もどうしたら進められるか考えなくてはなりません。現在の社会的な受容力から考えて、義務化も考慮に値すると私は思います。

杉田　育休の取り方、というかスタイルについての考え方も変わってきていると思います。昔は1日8時間、デスクに向かっていなければできなかった仕事が、パソコンが当たり前の今では2、3時間でできる。ですから、完全な休暇にしてしまうんじゃなくて、赤ちゃんがお昼寝している時間にメールのやり取りをするとか、月に1度は、赤ちゃんを連れてミーティングに出かけるとか、いろいろな育休の取り方があるのではないか。

鈴木　パソコンがあればできる仕事もあります。できる限り仕事を継続させたいと望む方もいるはずです。議員活動もそうですが。

杉田　そうなの、育休を1年間取って、同じ職場に復帰するとして、この間を誰がつなぐのかと言えば、やっぱり非正規になりがちなわけです。育休の正規職員を守るために非正規を量産している。私が1年間、育休取って戻ってきたときに、1年間、臨時雇用のアルバイトでよかったんだったら、杉田さん、別に正規じゃなくてもいいよねって言われたのがすごいショックだったんですよ。

鈴木 だからこそ、子育ては女性だけで行うのではなく男性にも様々な形でたずさわってもらうべき。女性は置き換え可能な人材という固定概念を変えることが大切。そのためにも「育休」という言葉は誤ったイメージになりかねません。

稲田 正直言うと、私は1年間も休みたくなかった。独立した弁護士だったからいろんな働き方ができたけれど、でも、いきなり1年休んで、すぐに働く自信はなかった。やっぱり、少しずつ働いていくという環境の方が絶対いいと思う。

鈴木 その働き方、男性にもあてはまるのでは。

杉田 その方が、男性も育休を取りやすくなる。

尾身 私も育休経験者ですけど、育休が持つ課題として、もう1つ、社会がどれだけ多様性を持った選択を享受できるか、受容、受忍できるか、という点も大切だと思います。私自身はずっとキャリアで仕事をすると思っていたので、長男のときと次男のとき、それぞれ1年間の育児休職を取って、母乳で育てたんですね。その間、会社とのコンタクトは全くなし。メールのやりとりなどない時代なので、本当に仕事から離れて2年間子どもと真剣に向き合いました。こ

「女性がさらに輝く多様な社会の実現を目指して」「女性議員飛躍の会」座談会

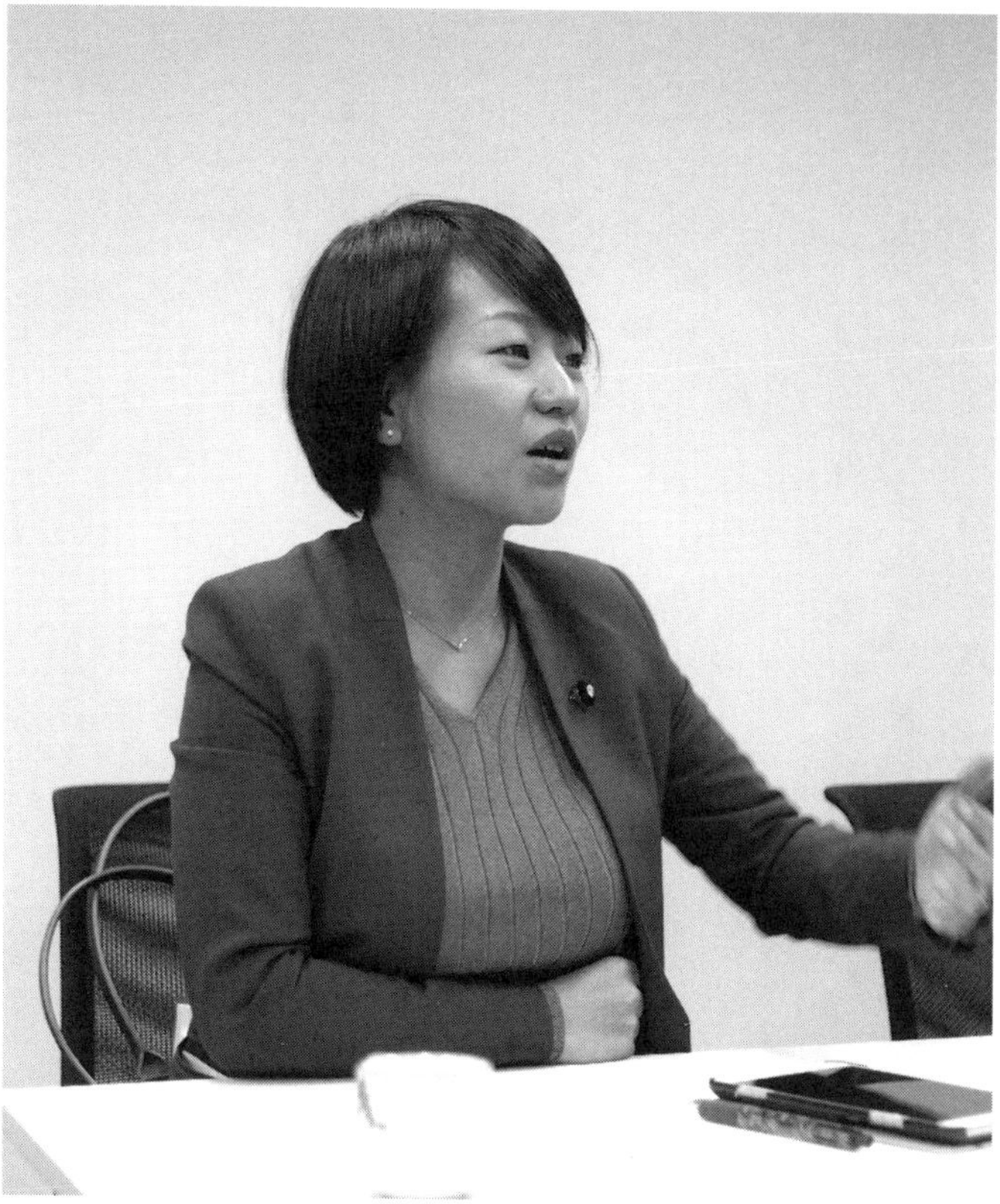

鈴木貴子議員

の時間が財産なんです。子どもたちとの付き合いでも、絶対にプラスになる。今は一緒にいられないけど、あの時お母さんは頑張ったんだよ、というのが心の支えになった。育休は私の大切な人生の選択でした。

稲田 そうね。それが社会の持つ多様性でもあるんだよね。

佐藤 女性の抱える多様性を、社会で当たり前の多様性にしていくということね。また、育休や産休の後にきちんと戻れる場所を確保することも大事ですね。これは特に男性の育休取得促進にも大事な要素かもしれません。実際、ドイツでは、最長3年間までは職場復帰が保証されていると聞きます。女性活躍には、男性の働き方の多様性も大事ですね。

稲田 それも、正社員を中心に考えられた、現在の雇用制度だと難しい。

猪口 そこについてきていないのが、政治の世界の頭の硬さですよ。

永岡 じゃあ、そういう法律を作ろう。女性議員をどんどん増やして。

太田 冒頭で「なでしこ銘柄」の話が出ましたよね。「なでしこ銘柄」の企業は非常に業態が良く、利益率も高くなっています。男性にはない女性の感性や経験が生かされ、それが商品開発などにつながっているからなんですね。育休も同じです。その経験が、その人にとっても会社にとっても財産になるんですよ。育休が経営資源になっていく。わかりやすく言うと、育休を経験した人が行う商品開発と、未経験の人が行う商品開発には、例えば子ども用品で明らかに差が出てくるはずです。育休に限らず、女性は自分自身の経験を仕事に活かすことが得意ですから、「なでしこ銘柄」は利益率が高い銘柄であり続けるでしょうね。

女性議員倍増ための戦略とは

稲田　何もしないでも女性議員は自然に増えるという、今の自民党の考え方では女性政治家は増えないと思う。またフランスの例になるけれど、女性議員を増やすために、クオータ制を法律で導入したら、憲法違反になり、1999年に憲法の方を改正して、法律でクオータ制（パリテ法）を導入しました。その結果40％にまで女性政治家が増えた。日本でも制度化する必要がありますね。

杉田　日本の現状について確認したいのは、世界経済フォーラムのジェンダー・ギャップの指数が、世界で121位（2019年）とすごく低くて、そのために日本は男尊女卑の国だと言われています。しかし、その指標の4項目のうち、健康と教育は世界でも高い水準で、経済も日本は平均値です。全体を押し下げているのが政治参加の項目で、これが足を引っ張っているわけです。

太田　とするとね、女性議員が増えないのはなぜなのかを考えなければならないですね。経済の分野では、例えば性能の良いものが売れるという、市場原理が働くけれど、政治の分野では市場原理が働いていないからだろうか。

佐藤　たしかに、そこまでだめかと言うとそうでもなく、逆に今、その動きを後押しする風も吹きつつあります。昨年の参議院選の時も含めて地域を回っていて、最近特に女性の方々に、安倍政権が進めてきた女性活躍推進への期待が浸透してきているように感じますね。この「女性活躍推進」というキーワードのもとで、選挙でも女性が女性の候補者を応援しようという機運が高まっている。ここで問題は、せっかく安倍政権の政策で有権者が前向きになっていても、自民党側にその受け皿となる女性候補者が十分に立てられていないことなんですよ。むしろ、この有権者の風向きの変化に応えているのは野党で、女性候補者を次々と立ててきた。我々は政策を導入していながら、選挙でそれを最も有効活用しているのが野党という皮肉な現状です。女性活躍が謳われ、「新人の女性候補者を応援するわ」という大阪のおばちゃまは多い。

杉田　私も市場原理は働き始めていると思います。というのは、例えばこの間の参議院選挙の結果です。競り勝った選挙区というのは、与野党を問わず、ほとんどが女性候補が勝っているんですよ。だから勝つためには女性候補者を立てる。これに野党は気づき始めているけれど、ここの戦略ができてないのが自民党じゃないかと。

森　そうですね。データを見るとそうですよね。

永岡　選挙となるとね。自民党は政権を握ってますから、やはり現職を応援しなくてはならない。そこは圧倒的に男性が多い。野党はそこに女性をぶつけてくる、というのが定番ですよね。これが現職を持っている強みであるが、弱みでもあると。ですから自民党はなかなか女性候補を立てられない。昨年亡くなられた宮川典子先生がものすごく頑張って、政治の場での男女参画の議員立法を作ってくださった。努力義務ではあるけれど、候補者を男女同数にという。では自民党はどうかというと実現していない。これをなんとか打ち破りたいと思いますが、そのためにも、私たちが努力して、手をあげてくれる人を探す、ということですよ。

稲田　人材はいると思うよ。さっきジェンダー・ギャップの話で出た女性の教育水準。世界でもトップレベルをずっと維持してきた。ですから、安倍政権での女性活躍推進法もあるけれど、いったん、女性活躍の幕が上がったら、女性たちはみんな、即戦力だったわけです。これが日本の強さですよ。

永岡　ずっと昔から、実はそうだった。日本の財産ですよ。

稲田　その女性たちが、女性活躍とは反対に、選挙となると不利な扱いになってしまう。

高橋　選挙の厳しい選挙区で女性支部長が選ばれるケースが多いですよね。

永岡　もったいないよね。

太田　女性候補者の公募という方法もあるでしょう。

佐藤　そう、公募の選定でも、弁論大会で党員投票を行うとか世論調査を使うとか、そういう客観的なものを評価軸にしたいですね。また、女性立候補者の資質も大切ですね。男性の場合は、働く業界でベースとなる票田や見識を持っていることが多い。一方、女性候補者の場合、子育てといった女性としての経験に直結する分野の訴えが多い。これはとても大事なことですが、国会議員を目指して幅広い有権者の期待に応えるには、幅を広げることも大事。防衛でも、外交、経済・金融でも、何か専門知識がないと、志はあっても選挙で結果が続かないでしょう。

太田　衆議院、参議院とも、候補者が公募になったときは、例えば中央に設置した第三者委員会が関与してもいいのではないでしょうか。同じ基準で審査し、候補者を決定する。女性優先ということではなく、あくまで候補者は中立的・客観的に選ばれた、結果として女性が増える。絶対増えると私は思いますね。

稲田　知識、経験を重視して選定する。

佐藤　経験も大事ですね。経験がある人には重みがある。「この分野ならこの人だ」というように、それなりの支持がしっかりとついてくるような経験にもとづく見識。そういうものを持つ女性は着実に増えていると思います。あとは門戸開放の制度の話ではないかと。

猪口　経済の分野での女性役員進出の分水嶺は越えたと思う。次は政治の世界の分水嶺です。これを越える日は、もうすぐそこにあるかもしれない。だから、政治家を志す女性はしっかり勉強していてほしい。その分水嶺を越える幕が上がったとき、みんな候補者になれる、そういう時代を目指したい。

稲田　もう幕は、上がりつつあると思います。その幕を上げる力が、女性たちの努力であると同時に、制度的な支援であることも、声を大にして言いたいことですね。

（了）

「女性議員飛躍の会」活動報告

(1) コロナウイルス対策への緊急提言

(2) 未婚のひとり親への寡婦控除の導入実現

(3) 全国女性税理士連盟から悲願の要望を聞く

(4) 養育費不払い問題への対策提言

(5) 子どもの性暴力被害への対策提言

(6) 世界並みに女性議員を増やすための諸提言

「女性議員飛躍の会」提言書

- コロナウイルス感染拡大防止のための休校についての要望書(令和2年2月28日)
- コロナウイルスによる休校等についての要望書(第二弾)(令和2年3月2日)
- ひとり親控除にむけての要望書(令和元年12月9日)
- 養育費の確保についての要望書(令和2年1月27日)
- 性犯罪にかかる刑法改正についての要望書(令和2年2月28日)
- 女性議員を増やし、真の民主主義を実現するための要望書(令和2年3月16日)

「女性議員飛躍の会」活動報告

自民党「女性議員飛躍の会」は、昨年末の自民党税制調査会での未婚のひとり親控除の導入に向けて精力的に活動し、その後も弾力的な提言活動を行ってきた。しかし、新型コロナウイルス感染が我が国にも波及したことを受け、政府コロナ対策に女性議員の視点が必要との考えから、今年2月以降は、「女性議員飛躍の会」としてコロナウイルス対策の提言策定を最重要課題と位置づけ、会合を重ねてきた。その結果、コロナ対策緊急提言を取りまとめ、政府・与党に提案、その一部は政府対応に盛り込まれている。こうした、結束と機動力の高い「女性議員飛躍の会」の最近の緊急提言活動や、公務に就くメンバーの所管省での緊急対応の一端を紹介したい。なお、文中の敬称は略させていただく。

(1)コロナウイルス対策への緊急提言

①コロナウイルス対策緊急提言(第一弾)の策定および提言

2月28日、「女性議員飛躍の会」(または「飛躍の会」)は、稲田朋美幹事長代行の呼びかけで、コロナ対策の要望書の取りまとめについて緊急の会合を行った。この打ち合わせに参加できなかったメンバーも「飛躍の会」のLINE上で協議に参加し、「コロナウイルス感染拡大防止のための休校についての要望書」(別添参照)を取りまとめ、同日、二階俊博幹事長、鈴木俊一総務会長、山口泰明組織運動本部長にそれぞれ面会、要望書を提出するとともに、迅速な対応を要望した。

二階幹事長には稲田朋美、猪口邦子、佐藤ゆかり、永岡桂子、高橋ひなこ、木村弥生、尾身朝子、杉田水脈、鈴木貴子、松川るい(順不同)が面会、「コロナウイルス感染拡大防止のための休校についての要望書」の趣旨を説明、迅速な対応を要望した。

また、鈴木総務会長、山口組織運動本部長にも面会、同要望書について各方面からの支援を要請した。

②コロナウイルス対策緊急提言第二弾の策定および提言

政府による学校休校要請の発表を受け、3月2日稲田、永岡、佐藤、太田房江、鈴木、尾身、松川、木村が昼の時間帯に党本部に緊急参集、コロナ要望書第二弾について協議、各々の様々な知見を持ち寄りながら、より具体的できめ細やかな内容を盛り込んだ要望書（別添「コロナウイルスによる休校等についての要望書（第二弾）」）を作成。

その日の午後、二階幹事長に、稲田、尾身、木村、永岡が面会し、趣旨の説明と要望を行い、鈴木総務会長にも同様の要望を行った。

③稲田・猪口のさらなる動き

加えて3月5日、猪口女性活躍推進本部長と稲田幹事長代行の2人が官邸を訪問し、安倍総理に面会、「女性議員飛躍の会」としての前記2本の要望書を総理に手渡した。

また、9日、総理出席のもと開かれた党役員会にて、稲田が、「突然の休校で子育て中の母親が困惑している。女性活躍を標榜する安倍政権の姿勢が問われており、そのことを甘く見てはいけない。女性だけに休職の影響が及ぶことのないよう、男性にも休職負担をしてもらうべき」であると、改めて、新型コロナウイルス対策における休校措置について、「飛躍の会」の要望を提言した。

④森・佐藤の所管省での緊急対応

その頃、「女性議員飛躍の会」のメンバーの中で、森法務大臣、佐藤環境副大臣、尾身外務大臣政務官らは、所管省が新型コロナウイルス対策と直接的に関わっており、それぞれの所管省においても、緊急対応を行っていた。

出入国在留管理庁を所管する法務省は、いわゆる水際対策において重要な役割を担っている。WHO

の非常事態宣言を受け、新型コロナウイルス感染症を「指定感染症」とする政令の施行日を2月7日から1日へ前倒すことが閣議決定されたことに伴い、感染者の上陸拒否を決定。さらに、無症状のウイルス感染者が発生したことや潜伏期間の長さに鑑み、森大臣は、特定の地域に滞在歴がある外国人等について入管法5条1項14号の適用を決断する。閣議了解を経た上で、上陸申請日前14日以内に中国湖北省での滞在歴がある外国人及び同省で発行された旅券を所持する外国人を上陸拒否の対象とした。その後も、2月6日には、香港発の船舶ウエステルダム号の乗船外国人についても上陸拒否の対象とし、さらに、上陸拒否の対象地域についても、感染拡大に伴い、12日に浙江省、26日に韓国大邱広域市等、3月6日以降に、韓国、イラン、イタリア、スイス及びスペインの一部地域、サンマリノ及びアイスランドの全域に順次、拡大した。

一方、廃棄物処理と国立公園等を所管する環境省では、職員の感染防止と機動性確保の観点から、2月以降の新型コロナウイルス対策会議をウェブ会議で開催、佐藤環境副大臣は、ダイアモンド・プリンセス号に乗船し対応にあたる環境省職員はじめ省内の激励とともに、綿密な危機対応の継続を要請。同時に、クルーズ船やチャーター便帰国者の隔離施設等から生じる廃棄物の消毒・袋詰め・焼却処理を含め、感染性廃棄物の適正処理について、自治体・廃棄物処理事業者への周知徹底や、今後、仮に非常事態宣言が出された場合の新たな臨時医療施設から生じる感染性廃棄物について、安全な適正処理のための事前想定の必要性を指摘した。一方、例年、春分の日の連休中、桜見で賑わう新宿御苑については、感染拡大防止策として、温室閉鎖、入園料の無料化(受付行列を作らないため)、離散歩行、寄合い飲食の禁止、警備員の監視などを行い、憩いの場の提供と感染防止のバランスに、環境省は腐心した。

⑤高橋の地元でのコロナ対応

この間、高橋も、地元張り付きで「女性議員飛躍の会」の活動参加が難しい時には、新型コロナウイルスによる地域産業への影響などについて地元ヒアリングを積極的に行っていた。例えば、地元岩手県において、岩手県旅館ホテル生活衛生同業組合から、新型コロナウイルス感染症にかかる衛生環境激変特別貸付について、金融機関への融資制度の周知徹底や、資金繰りの期限に応じた迅速な融資、経済対策としての高速道路の無料化の検討などの要望を受けた。また、岩手県タクシー協会からは、主として歩合制の給与体系にある運転手のための給与補償の支援について要望を受けた。実際、高橋同様多くのメンバーも、地元からこのような具体的かつ緊急性のある要望をていねいに聞き取り、党内対策本部での発言や議連提言に活かしている。

(2)未婚のひとり親への寡婦控除の導入実現

実際、「女性議員飛躍の会」では、コロナ対策以外にも、様々な課題について活動展開してきた。次に、その活動と政策提言の一端を紹介したい。

これまで、「飛躍の会」では、離婚・死別のひとり親に適用されてきた寡婦（夫）控除を、未婚のひとり親にも適用するよう求めていた。それは、未婚のひとり親は収入に対する税負担が重く、格差が生じているからだ。「飛躍の会」では頻繁に協議を重ね、未婚のひとり親への所得控除の創設を求める要望書(別添「ひとり親控除にむけての要望書」)を作成し、年末恒例の自民党税制調査会での成立の実現に向け、考え得るあらゆる活動を展開した。以下に、取り組みの開始から要望の実現までを、少し時系列で追いかける。

昨年11月15日、「飛躍の会」定例会。木村弥生が未婚のひとり親への寡婦控除導入について提起し、議連として取り組むことを決定。18日には、甘利明党税制調査会長に稲田、猪口、木村、杉田、永岡が面会、さらに、税調インナーへの根回しも始めた。27日には、菅官房長官に稲田、太田、木村、高橋、杉田、永岡が面会に訪れた。

12月に入り、各方面への要請活動はもちろんのこと、先に触れた「未婚のひとり親への所得控除の創設を求める要望書」を作成し、自民党国会議員への署名集めなどの活動を通して支持者拡大に努めた。特に、党税調インナーメンバーへの働きかけは活発に行ったが、しかし、当初は理解は乏しかった。

12月10日、ついに、政治判断が必要な「マル政」事項を処理する税調小委員会の日を迎え、この日に潮目が変わった。当初、賛同しそうな人に対象を絞った署名活動について、声をかけそびれていた方々から苦言を頂戴したのである。そこで、全事務所に賛同者を募ることにし、衆議院第一議員会館を木村、鈴木、衆議院第二議員会館を杉田、高橋、参議院会館を松川、太田の各事務所で分担して、賛同のお願いのポスティング活動を展開した。そして、子育て世代の若手男性国会議員にも、賛同の輪が広がっていった。この時点で党内賛同国会議員の数はすでに110名に達していた。メンバーは最後の攻勢に向け、打ち合わせやランチミーティングを断続的に行った。そして、いよいよ税調小委員会の時間。開会に向けて、「飛躍の会」メンバーで発言予定の男性議員と打ち合わせをする一方、NPO法人「しんぐるまざあず・ふぉーらむ」の会員も党本部に集まり、プラカードを掲げて税調に集まる国会議員に最後の訴えを実施。「飛躍の会」出席メンバーに加えて、賛同男性議員も積極的に発言した。

そして12月11日。いよいよ税調小委員会で最終処理案が扱われる日。「飛躍の会」メンバーは午後1時、稲田の党幹事長代行室に集合。最後の打ち合わせの後、1時30分から開かれた税調でインナーの報告を固唾を呑みながら待った。結果は「満額回答」。年間所得500万円以下の未婚のひとり親にも寡婦（夫）控除を適用し、税負担を軽減する方針が決定された！ 自民党税制調査会で動かぬ山が動いたのだ。女性議員が力を合わせて風を起こせば、政策を変えていけるという実感が生まれた瞬間でもあった。甘利税調会長はじめインナーの先生方、応援してくださった男性・女性議員の皆さまには、「飛躍の会」として心より感謝の念で一杯だった。

(3)全国女性税理士連盟から悲願の要望を聞く

税制ではもう1つ、働く女性にとっての長年の悲願がある。それは、所得税法第56条の撤廃だ。所得税法第56条は、例えば夫が弁護士、妻が税理士など、互いに独立した事業を営む同一生計の親族間で支払われる給与、家賃、利息等の対価を、支払う側は事業経費として、受け取る側は所得として、税務処理を認めないという特例だ。租税回避の目的で、親族に対し対価を恣意的に支払うことへの防止策として、戦後制定された古い税法だが、いまや共働き世帯の夫婦が圧倒的に増え、さらに夫婦で各々が独立した事業を営むケースも珍しくないなか、時代遅れの感がかなり強い。配偶者が事業所得に算入できなければ、その配偶者が事業用資金の借り入れなどに必要な事業所得が実際より過小評価され、借り入れ条件も不利になってしまう。しかし、最高裁判決が、これは女性の社会進出への税の足枷であり、憲法違反だとする訴えを退け、法の肯定的解釈を行うほど強靭な税法である。

まず、昨年11月15日、この要望を長年推進する全国女性税理士連盟を佐藤ゆかりが「飛躍の会」定例会に呼んだ。最高裁判決にいたった経緯に耳を傾けた稲田や猪口が納得し、税制改正で皆で応援していくことを決めた。しかし、12月の税制調査会が迫るなか、党税調のインナー、国会議員、財務省など、幅広い層に問題認識を広げるにはすでに時間がない。来年度の税調に向けて、じっくり取り組む戦略を申し合わせる。今年2月28日、「飛躍の会」は再び全国女性税理士連盟を定例会に招いた。稲田、佐藤、永岡、森、杉田、鈴木、木村、尾身らが出席のもと、そこに佐藤は財務省主税局も呼んで、女性税理士代表らの要望を直接聞かせた。要望を聞いていた財務省は、所得税法第56条が時代遅れの税法だとそこで認めたのだ! 問題がいかに租税回避をなくすかという技術的観点であって、要望の趣旨には反対しないということが確認された。この案件は、次回税制改正に向けて、「飛躍の会」でこれから勉強し、精力的に動いていく1つの長期案件となった。

(4)養育費不払い問題への対策提言

これまで、党女性活躍推進本部を中心に進められてきた養育費不払い問題であったが、これに対しても、不払い額を自治体が立て替えるなどの最近の制度的導入の動きを受け、問題解決を加速すべく、「飛躍の会」で一丸となった連携を始めた。精力的に勉強会や要望活動を行い、今年1月、「養育費の確保についての要望書」(別添参照)を作成、森法務大臣に、稲田、猪口、高橋、堀内、杉田、永岡が面会し、要望書の手交とともに、養育費不払い問題への対策加速を要望した。一方、法務省でも森が1月より養育費問題に関する大臣の私的勉強会を立ち上げて精力的に勉強会を重ねており、職員をフィンランド、スウェーデンに派遣して、養育費支払い確保のための行政の取組み等について視察を行っている。

同時に、国会においても、2月26日、高橋が、養育費の不払い問題を衆議院予算委員会の質疑にて取り上げ、母子家庭での離婚時の取決め率が40%台という厳しい現状に鑑み、離婚時の養育費取決めを確保するため、司法と行政がしっかり関与・サポートできる抜本的な制度的見直しの検討を提言している。「飛躍の会」メンバーは、国会質疑の場も有効活用しながら、党本部、所管省へのアンテナも張りつつ、問題意識のより広範なオーディエンスへの周知拡大に努めている。

(5)子どもの性暴力被害への対策提言

「飛躍の会」メンバーは、最近訴訟に関する報道なども増えている、子どもに対する性暴力の問題についても憂慮している。まず、今年2月16日と21日の2日間にわたり、「飛躍の会」定例会で、性暴力に関わる刑法性犯罪再改正などについて勉強会を開催、これを踏まえ、28日には、「飛躍の会」顧問の松島みどりはじめ、稲田、尾身、鈴木、永岡が法務省に森法務大臣を訪問、子どもへの性犯罪厳罰化のための刑法改正を要望した(別添「性犯罪にかかる刑法改正についての要望書」参照)。また、3月の定例会では、杉田水脈が、駐日米兵による性犯罪被害に遭ったキャサリン・J・フィッシャー氏を講師に招き、沖縄米軍基地関係者による性犯罪をテーマに、日米地位協定改定の必要性にまで掘り下げた話を聞いた。こうした「飛躍の会」の活動に併行して、森大臣も大臣室にて性犯罪の私的勉強会を立ち上げ、性犯罪被害者や専門家を招いて、性被害のもたらす精神的な影響や被害者心理について話を聞いている。実際、この問題のひとつの延長ではあるが「飛躍の会」には日米地位協定改定に関心を持つメンバーも少なくない。

(6)世界並みに女性議員を増やすための諸提言

世界の先進国の中で日本は女性政治家の数が極めて少ない希有な国である。この現状を改め、より幅広い意見の通る民主的政治を実現するには、国会のみならず、地方議会でも女性議員を増やすことが重要だというのが「飛躍の会」の考えだ。これは「飛躍の会」の究極の課題であり、これについては、党とも積極的連携が始まりつつある。まず、今年3月13日、「飛躍の会」の定例会後、稲田朋美の呼びかけで、女性議員を増やすための対策に関する提言書の作成について、稲田、永岡、佐藤、尾身、鈴木、猪口、高橋、杉田、木村、松川らが集まり協議。そこで佐藤らが打ち出した具体案や、「飛躍の会」のLINE上で交わした太田、松川、杉田、尾身、木村らからの活発な意見を織り込みながら、稲田が数次の改訂を加えて提言書として取りまとめる(別添「女性議員を増やし、真の民主主義を実現するための要望書」参照)。そして、16日、二階幹事長と、稲田、佐藤、杉田、鈴木、尾身、高橋、木村らが面会し、要望書の内容を詳細に説明。その後、下村博文党選挙対策委員長、世耕弘成参議院幹事長にも面会、各方面からの支援を要望している。「飛躍の会」は、党の受けとめは前向きであると捉え、今後は賛同者の拡大のため、詳細な理論武装の段階に入る方針だ。

コロナウイルス感染拡大防止のための休校についての要望書

令和2年2月28日
女性議員飛躍の会

政府は、新型コロナウイルスの感染拡大を防ぐために、全国すべての小中高校と特別支援学校について、3月2日から春休みに入るまで臨時休校の要請をした。

その政治決断を評価するが、これにともない、子どものいる家庭では、子どもの監護のために両親が職場にいけないなどの負担が生じることになる。

この負担を軽減するために下記のとおり提言する。

記

一　休校中、保護者不在の家庭にいる子どもの安全確保に万全を期し、保護者の休業を促進する。

一　ひとり親家庭や非正規雇用、パート従業員の父母等、休業を余儀なくされたことによる収入減が日常生活に大きな影響を及ぼし得る家庭に対し、休業支援金等の財政支援を速やかに講じる。

一　テレワークを推進するとともに、テレワークが困難な職種（医療、介護、保育など）に従事する父母への特段の支援と対策を求める。

一　今回の措置に伴い、休業補償を支払った企業に対して支援対策を講じる。

一　家庭における子どもの監護は、父と母が均等に行うことを奨励し、それが可能となるよう企業に対して配慮を求める。

一　家庭で保護者が対応できない場合、感染防止を講じて学校等で受け入れる。

以上

コロナウイルスによる休校等についての要望書（第二弾）

令和2年3月2日
女性議員飛躍の会

新型コロナウイルス感染拡大のための臨時休校という総理の政治判断は評価する。一方、不安や懸念も多数寄せられている。感染拡大を防止するという目的を最大限追求するためには、全ての子どもに対し対策が必要である。その際、保護者による在宅監護が原則であり、2月28日の要望書に追加して、次のとおり要望する。

記

一　休校中、保護者が安心して休業できる環境の整備
■政府が発表した休業支援策を雇用主に対し、周知徹底させる。
■父と母が均等に休業することを政府が奨励し、これに対する中小零細企業へ支援を講じる。
■本措置の実施中は、未就学の子どもについても、保護者が家庭で監護することを奨励し、休校の場合と等しく休業支援策を講じる。
■休校となった間の給食費を保護者から徴収しないよう策を講じる。

一　休校による子どもの安全と学力の確保
■在宅中の子どもの安全確保のため警察等によるパトロール等の強化徹底する。
■休校中の学習体制を整える具体的な対応策を支援し、タブレットの導入等による遠隔教育の体制整備を加速する。
■教職員等による家庭訪問等の実施により子どもの生活状況を把握する。

一　どうしても保護者が在宅できない場合の対策
■原則保護者が監護することを周知徹底したうえで、やむを得ず学童等に預ける場合は、実施主体による感染防止対策を徹底させる。

一　自民党の会合の持ち方について
■党における感染防止を徹底させるため、多人数での会合を控え、ウェブ会議の導入などを早急に検討する。

以上

ひとり親控除にむけての要望書

令和元年12月9日
女性議員飛躍の会

未婚のひとり親の寡婦控除について、私たちは以下の理由から、

◯未婚のひとり親にも「等しく」「公平」に寡婦控除を適用し、その名称を「ひとり親控除」とする
◯現在の寡婦控除のうち、子のいない未亡人（寡婦）には、今までどおりの控除を継続すること

を強く要望いたします。

(理由)
○4日の税調小委員会において、「未婚のひとり親の寡婦控除」について議論されましたが、10名の議員がすべて、未婚のひとり親にも等しく寡婦控除を認めるべきである旨主張したことは、党の総意であり、これを無視することは、党内民主主義に反する。
○未婚のひとり親の控除を児童扶養手当世帯に限定することは、離婚のひとり親や配偶者を亡くしたひとり親に比して、所得制限が約300万近く不利になるとともに、4月から適用される高等教育無償化において、年額約54万円(年収205万世帯）も不利になり、あらたな差別を創設することになる。
○未婚のひとり親を差別する理由として、事実婚を奨励するというが、現行制度は離婚のひとり親について同じ夫と事実婚しても制度上控除を認めており、不道徳な「離婚奨励税制」になっている。
○妊娠したカップルが控除を受けたいがため婚姻届を出さないという主張があるが、親として子を非嫡出子にしてまで、法律婚を望まないというのは非現実的な立論である。
○厚労省が11月26日に発表した人口動態統計（速報）によると本年1月～9月に生まれた子どもの数は67万3800人と前年同期に比べ5.6%も減り、初めて90万人を割り込む。これは、直近では1989年、なんと30年ぶりの大幅減になると予測されている。このような状況のなかで、未婚のひとり親を差別する現案は、少子化に拍車をかけることになり、時代に逆行する差別税制である。

養育費の確保についての要望書

令和2年1月27日
女性議員飛躍の会

離婚後の子の養育費の確保について、以下の理由により、次のとおり要望する。

一　養育費の立て替払い制度を法整備すること
一　養育費の支払い確保のため、離婚時に支払義務者の財産開示制度を導入すること
一　養育費の取り決めと債務名義を取得することへの相談・支援体制の充実と今回民事執行法改正により導入された強制執行における第三者からの債務者財産の情報取得制度を周知徹底し、その利用促進を図ること
一　養育費取り決め後の減額申立について、支払義務者の再婚による不当な減額を認めないこと
一　養育費を受領する側のプライバシー等に十分配慮すること

記

平成28年度全国ひとり親世帯等調査によると、養育費について文書による取決めをしているのは母子家庭は約31%、養育費の支払を受けているのは約24%にとどまる。これは世界でも最低レベルである。

離婚後の養育費支払確保が、子供の貧困問題解決に不可欠であり、そのためには養育費の取決め及び債務名義取得の支援体制の充実、支払義務者の財産の所在調査の徹底及び支払義務者の再婚による新家庭優先の減額を防止することが必要である。

更には、欧米やわが国の一部自治体で採用している、養育費の立替払い制度を導入することについて早急に調査・検討し、法整備することが求められる。

以上

性犯罪にかかる刑法改正についての要望書

令和２年２月28日
女性議員飛躍の会

平成29年刑法改正附則において、３年後検討事項が定められ、本年がその年あたる。昨年春、性犯罪について４件の無罪判決が出され（一件は高裁で破棄）国民の刑事司法制度に対する不信が高まっている。私達は、性暴力の被害実態に即し、被害者保護の観点から、下記のとおり要望する。

記

一　WG報告書の提出後すみやかに森まさこ法務大臣のもとで、法制審議会開始、答申を行い、争いのないものから順次早期の刑法改正を行う。

一　性犯罪についての公訴時効を撤廃する。

一　性交同意年齢を引き上げる。

一　「監護者わいせつ罪及び監護者性交等罪」の「現に監護する者」を「監護する者等」とし、優越的な地位を利用することのできる者（父母のパートナー、祖父母、兄姉、教師、スポーツの指導者など）を含める。

一　18歳未満の人に対する強制性交罪の「暴行脅迫」要件、準強制性交罪の「抗拒不能」要件を撤廃し、18歳以上の人に対する上記要件を緩和する。

一　教育現場での性暴力、性犯罪について懲戒免職のみならず、刑事告発を義務付ける。

以上

女性議員を増やし、真の民主主義を実現するための要望書

令和2年3月16日
女性議員飛躍の会

安倍政権が女性活躍を推進しているにもかかわらず、2018年の我が国のジェンダーギャップ指数は153ヵ国中121位と、前年の110位から大きく下げ、最低記録を更新した。

特に政治分野における女性参加の分野では193か国中165位となり、G7で最低である。

これは日本国憲法が求める男女平等の危機であり、我が国の民主主義の危機である。

一昨年には、我が党も賛成して候補者男女均等法が成立している。

他党が女性議員の増加に努めるなか、残念ながら我が党の取り組みは立ち遅れており、衆参両院議員に占める女性議員の割合は、他党に比べて低い。

党はそのことに危機感をもち、下記のとおり強力な政策を実行するよう、要望する。

記

一、各級女性議員を最低でも30%とすることが党の方針であることを合理的な根拠とともに明確に打ち出す。
30%当選させるためには候補者35%以上の数値目標を衆、参で決める。

女性議員の割合が30%を切ることは、民主主義が歪んでいることを示し、国民政党である我が党が国民の過半数（党員の40%）の女性を代表できていないことを意味する。

そのことを踏まえ、まず、党本部がなぜ「女性議員を増やすのか」という理念を積極的に語るべきである。

世界の他の先進国はこの20年、政党がクォータ制を採用し、憲法を改正した上で（改正しなければ法律クォータ制が違憲になるのは日本も同じ）法律でパリテ（候補者が男女半々）を規定したりするなど、様々な努力をし、成果を上げている（別紙1）。

日本だけが「実力さえあれば女性でも議員になれる」とばかりに何もせず、世界から取り残されている。

研究者の分析によると、最低30%の女性国会議員がいてはじめて、女性目線の政策が取り上げられる（30%切ると、切り捨てられるか、声が届きにくくなる…昨年末の未婚のひとり親税制を巡る議論が典型例）。

その意味において、現在の日本の状況は危機的であり、私たちは看過できない。


（次ページに続く）

一、現在の自民党女性国会議員・支部長の次の当選を確実なものとする。
　清新さ、生活者視点を期待して女性に国会議員となるチャンスを与え、それが女性議員の増加に寄与してきたことは率直に評価する。

　しかし、一時的なイメージ戦略やピンチヒッターとして登用された場合には、その用を果たせばもはや不要とばかりに当選を重ねることが難しくなっている。

　これを本人の努力不足のみに帰すのは酷であり、党のフォローが希薄なことに問題がある。

　このような実態を党本部として見過ごすことなく、真正な保守の国民政党として、女性議員を守り、育てる姿勢を明確に示してほしい。

　（具体例は下記「女性候補・女性議員支援」参照）

一、衆議院の11ブロックの比例上位を女性とする
　かつて、2005小泉郵政選挙のとき、比例上位に女性候補者をおくことにより、一挙に16人の新人女性衆議院議員が誕生した（「飛躍の会」の共同代表もその際に当選した同期）。

　選挙区候補者の理解を得て、女性候補を比例上位におくことにより、ブロックの自民党への投票が増えることを目指すとともに、11ブロックすべて（現在、全く自民党女性衆議院議員がいない県は別紙2のとおり）に自民党女性衆議院議員を最低でも1名確保する。

一、参院選比例区の団体組織内候補の半数改選のいずれかを女性にする
　各団体の組織内議員の半数が女性になるよう、それに達しない場合、現職が引退などで交代する際に女性候補を擁立するよう努力する。

一、政党交付金の女性議員の数による割当
　政党交付金の1割を各党の女性議員の数により配分し、「女性基金」として、女性議員を育成するための資金として用いる仕組みを設ける。

　このため、自民党が率先して基金を設け、各党にも同様の取組を行うよう働きかける。

　その後、政党助成法に基づく制度化につなげる。

一、各都道府県連に数値目標を設定
　各都道府県連に達成期限を付した上で以下の数値目標を設定させる。

●現職衆参両院最低各1名を女性とする。その上で、衆議院小選挙区数等により、地域毎に柔軟な数値目標を設定すること。
●地方議員について当道府県連が女性候補について数値目標を設定し、そのフォローアップとともに党本部に報告する。
●都道府県連ごとに女性候補者発掘のための役員（女性議員擁立本部長）を国会議員から創設する。
●公募において僅差の場合、女性候補者を優先する。

一、党の役職への数値目標を設定する
選挙対策本部、各都道府県連幹部役員、もしくは候補者を選定する委員会等においても女性の登用、参画を確保する。

一、地方議会での旧姓を含めた通称使用の徹底
企業や行政、国会などでは旧姓使用が認められているが、地方議会では希望が叶わず、戸籍上の姓での議員活動を余儀なくされている女性議員が多い。

このような議会環境を改善し（標準議会規則の改正）、女性がチャレンジしやすい土壌づくりが必要である。

（例）　神奈川新聞調べで、県を含む県内34地方議会のうち、認めているまたは過去に認めた議会は18県市町議会、全体のほぼ半数にとどまる。

一、当選証書、大臣等の認証書の名前を通称にする
女性国会議員が選挙等の政治活動で使用している通称を当選証書や大臣等の認証書において、カッコ書きでしか表示されていないことにより、同一性が認識できなくなっている。それを是正する。

一、女性候補・女性議員への支援
●女性基金の設置による資金的な支援（政党助成制度の改革とも関係）
●女性候補に対し、重点的に応援弁士を派遣
●女性候補に対し、党本部選対職員が手厚く各種のサポートを行う
●女性候補のための選挙ハンドブックの作成
●女性のための選挙講座の充実（現在の未来塾）
●女性に絞った党本部主導の公募制度の導入と女性候補者プール制度の設置

（次ページに続く）

●女性候補者を安心させるためにも、当選後の女性議員のためのサポート制度を充実（党本部に託児スペースを設置、シッター利用のための助成措置など）
●党本部に女性議員擁立の責任者（女性議員擁立本部長）の設置
●働き方改革（妊娠、出産時における女性議員の採決権、投票権の確保、育児期間、介護中の部会へのテレワーク参加、男性議員の育児参加の推進、子育て手当など）
●党務で子育て中の議員が出張する場合、止むを得ず子供を同行せざるを得ない場合の同行費の党負担
●セクハラ防止についての倫理規定の策定及び事案発生時における被害者救済と調査機関の設置
●SNSにおける誹謗中傷への対処
●女性議員向けの選挙研修会(演説トレーニング合宿、政治スキル講座など)
●女性議員陣営の強化（選挙のプロを女性陣営に派遣など）
●女性議員徹底応援態勢の確立(総理応援や軍資金の女性への傾斜配分など)
●女性議員の情報発信強化（女性専用SNS、女性向けTV番組へ出演など）

一、その他
●党本部において「女性議員増加のための行動計画」を作成する。
●毎年度「女性活躍レポート（仮称）」を作成・配布、党HPでも公開
●女性活躍についての戦略的公報・発信（SNSの活用、様々な女性たちの現場に足を運び、直接語り合う「なでしこ対話（仮称）」の実施など）
●党を支える土台である女性職員の活躍支援（託児スペースや助成措置は議員・職員も分け隔てなく行う）
●政治に関わる女性を増やす（女性党員の優遇、後援会・事務所・党職員への女性の積極的登用等）
●子供の頃からの主権者教育の充実
●党大会での報告と総裁表彰

★国としての検討事項
☆衆参両院議員選挙への法律型クォータ制の導入
☆女性議員を増やす観点からの政党助成法の改正（上記）
☆憲法14条に実質的平等を推進するための規定の追加

おわりに

昨年秋、自民党二階俊博幹事長を囲んで「女性議員飛躍の会」数人が集まった時のことだ。「どんどんやったらいい。そして出版パーティーもやればいい」。私から持ちかけた飛躍の会有志の共著出版のアイディアに、二階幹事長から力強い応援の檄が飛んだのだ。結局、出版は、その場にいた稲田議員、永岡議員、猪口議員などの我々共同代表で即決した。出版社の選定から交渉、飛躍の会での連携など、実際に推進した私は、当初、年末党税調のさなかで参加議員の迅速な協力に疑心暗鬼もあった。しかし、一人ひとりが、各々の多忙さを乗り越え、強い思いで出版の推進に協力いただけたことは、飛躍の会として力強い結束と行動力の証となった。そうした皆の想いの集大成がこの本である。

本のタイトル「女性議員が永田町の壁を砕く！」には、そこに多くの〝ガラスの壁〟があることに意を込めた。当然ながら、こうした想いの受け皿を作って頂いた成甲書房の寛大なご協力なしには、この企画は成立していない。出版の相談から構成、編集、製本の全行程において、多大なご尽力をいただいた関係者の皆様に衷心より感謝を申し上げたい。とくに出版直前になり猛威を振るい始めた新型コロナウイルスへの対応のさなかで、一度は出版延期も考えた。しかし、この危機への我々の対応こそ盛り込むべきだとの貴重なご意見もいただき、出版に漕ぎつけた。この状況下で議員10人との大変な作業を終始丁寧になし遂げていただいた成甲書房のご担当には感謝の意を尽くせない。そして最後に、私たちの出版や活動に対し、絶えず心温まるエールを送り続けてくださる二階幹事長に、議連に代わり何よりも、心から感謝のエールを捧げたいと思う。

「女性議員飛躍の会」共同代表　佐藤ゆかり

女性議員《じょせいぎいん》が永田町《ながたちょう》の壁《かべ》を砕《くだ》く！

自民党《じみんとう》を変革《へんかく》し、日本《にっぽん》の飛躍《ひやく》を図《はか》る
10人《じゅうにん》の女性《じょせい》リーダーたち

◉著者
女性議員飛躍の会《じょせいぎいんひやくのかい》

◉発行日
初版第1刷　2020年4月30日

◉発行所
株式会社 成甲書房

郵便番号101-0051
東京都千代田区神田神保町1-42
振替00160-9-85784
電話03(3295)1687
E-MAIL　mail@seikoshobo.co.jp
URL　http://www.seikoshobo.co.jp

◉印刷・製本
株式会社 シナノ

Printed in Japan, 2020
ISBN978-4-88086-370-2